클라라 바튼

리빙북
www.livingbook.kr

클라라 바튼
약한 자를 돌보는 아이

어거스타 스티븐슨 지음
폴 로니 그림
오소희 옮김

차례

1. 캡틴의 모자 ...9

2. 크리스마스 아이
    1. 부모님이 너무 많다 ...21
    2. 선생님도 너무 많다 ...27

3. 에멀린의 금발 머리
    1. "오늘은 백 점이야!" ...35
    2. 잡혀간 에멀린 ...38
    3. 노예가 된 에멀린 ...41
    4. 에멀린을 찾아서 ...45
    5. 한밤중의 비명 ...51
    6. 무서운 이야기는 이제 그만 ...56

4. 동물 길들이기
    1. "인형을 주지 마세요!" ...58
    2. 동물 친구가 그렇게 많다니! ...60
    3. 패치를 도와줄 수 있을까 ...64
    4. 어린 의사 ...66

5. 이사
   1. 새집에 온 손님들 ...71
   2. 점심시간에 놀기 ...74
   3. 거머리 ...78

6. 수줍음 타는 소녀
   1. 기숙사 학교로! ...83
   2. 마차 타고 가는 길 ...89

7. 기숙사 학교
   1. 친구들 사귀기 ...95
   2. 대답 좀 해, 클라라 ...99
   3. 금팔찌 ...101
   4. 처벌 ...105

8. 모두들 깜짝 놀라다
   1. 다시 집으로 ...111
   2. 급작스런 사고 ...114
   3. 갑자기 변한 클라라 ...117
   4. 힘을 얻은 클라라 ...121

9. 거머리 간호사, 거머리 의사 ...123

10. 두 명의 클라라
    1. 오빠가 걱정하면 안 된다 ...129
    2. 옥스포드 고등학교 ...133

11. 천연두!
    1. 집 안에 갇히다 ...137
    2. 클라라의 환자 ...142
    3. 클라라의 계획 ...146

12. 새로 온 선생님
    1. 말썽꾸러기들 ...150
    2. 작지만 꾀많은 선생님 ...156

13. 도망친 노예 도와주기
1. 창문에서 얼굴이 ...162
2. 노예 감추기 ...164
3. 노예가 들키면 어쩌나 ...168
4. 남을 돕기 위해서라면 ...171

14. 미국에서 유명한 여자
1. 전방에서 일한 간호사 ...175
2. 미국 적십자사 회장 ...185

무슨 뜻일까요? ...191
여러분, 기억하나요? ...192
함께 생각해볼까요? ...193
클라라 바튼이 살았던 시절 ...194

1
캡틴의 모자

"아빠, 인디언 이야기해주세요." 일곱 살 난 클라라 바튼이 말했다. 오늘 같은 추운 겨울밤은 옛날이야기를 듣기에 딱 좋은 날이었다.

"또 인디언 이야기를 듣고 싶으냐?" 캡틴 바튼이 물었다. "네가 네 살 때부터 계속 인디언 이야기를 들었으니, 이제는 싫증이 날 때도 됐을 텐데?"

클라라가 고개를 흔들었다. "언니들이 항상 들려주는 왕자와 공주 이야기보다 아빠가 들려주시는 이야기가 훨씬 더 재밌어요."

아버지가 웃었다. "언니들은 그 왕자와 공주들을 만나 본 적이 없지만, 아빠는 인디언들과 함께 살았거든. 그리 고 인디언 친구들이 여러 명 있지."

"친구들이라구요? 인디언들과의 전쟁에서 싸움을 하신 줄 알았는데요?" 클라라가 놀라서 물었다.

"모든 인디언들과 전쟁을 한 건 아니란다." 캡틴이 말했 다. "인디언 마을에 가서 함께 사냥을 했었지. 그들은 세 월이 지난 지금까지도 내 친구들이야."

"그 인디언들 이야기해주세요!"

"그럼 인디언과 전쟁한 이야기를 해주지. 아빠의 모자 에 대한 이야기야."

"군인 모자 말이어요?" 클라라가 물었다.

"그래. 우리 부대는 산등성이 낮은 쪽에 있었는데, 인디 언들도 바로 거기에 있었어. 한 시간 동안 서로 총을 쏘았 어. 물론 계속 쏜 것은 아니고, 사람 머리나 깃털 같은 게 보일 때마다 쏘았지."

클라라가 고개를 끄덕였다. 그녀는 군인들이 가능한 한 산등성이 위에서 전투를 하려 한다는 사실을 알고 있었다.

클라라가 고개를 끄덕였다.

그리고 적군은 아래쪽에 있어야 한다.

"인디언들은 언제 쏘았어요?" 그녀가 물었다.

"우리 모자가 보일 때마다 쏘았지. 우리는 깃털이 없으니까."

클라라가 웃었다. 아빠가 웃기려고 한 말이었다.

"그때 갑자기 이상한 일이 일어났어." 캡틴이 말했다.

"인디언들이 이상하게 행동했어요?"

"그렇지. 갑자기 그들의 총 쏘기와 비명소리가 멈췄어."

"왜 멈췄어요?" 클라라가 물었다.

"아마도 화약이 다 떨어진 것 같았어."

클라라가 고개를 끄덕였다. 그녀는 화약이 다 떨어지면 어떻게 된다는 것을 알았다. 싸움에서 지는 것이다. 화약이 더 오래 남아있는 편이 이긴다.

　"그래서 우리는 인디언 무리를 한 번에 다 포획할 수 있겠다고 생각했어." 캡틴이 계속 말했다. "우리는 군인들을 한곳에 모았지. 우리는 산등성이를 따라 나무 뒤, 바위 뒤, 나무 둥치나 통나무 뒤에 흩어져 있었거든. 숨을 만한 곳은 다 찾아서 말이지."

　어린 소녀는 잘 이해한다는 듯 고개를 끄덕였다. 그녀는 총을 쏠 때 몸을 숨겨야 한다는 사실을 잘 알고 있었다. 인디언들과는 항상 그런 식으로 전쟁한다.

　"마침내 우리 군인들이 다 모였고, 앞으로 전진하라는 명령을 받았어." 캡틴이 말했다.

　"인디언을 모두 잡았어요?" 그 어린 소녀가 열심히 듣고 있다가 물었다.

　"바로 그때 우리에게 또다시 예상치 못한 일이 일어났어." 캡틴이 계속 이어 말했다. "숲 속의 강 근처 곳곳에서 인디언의 고함소리가 들렸어. 그들은 우리가 모르는 사이에 빠져나가서 이제 막 카누를 타고 도망치려는 거였지."

"그런데 그들은 왜 미리 고함을 질렀어요? 아직 카누까지 간 건 아니잖아요." 클라라가 물었다.

"아니지. 아마도 틀림없이 카누까지 갈 수 있다고 확신했던 것 같아." 캡틴이 대답했다. "어쨌든 우리는 그들을 추격했어. 통나무를 건너뛰고, 바위 위를 껑충껑충 건너뛰어갔지. 공터에서는 전속력으로 달렸단다. 그런데 거기서 내 모자가 그만 나뭇가지에 걸려서 떨어져 버렸어.

근사한 모직 펠트 모자였는데. 나는 멈춰서 그걸 집으려고 했어. 모자라고는 그것 하나밖에 없었으니까 잃어버리면 안 되었거든."

"부대에서 한 개를 더 달라고 하면 되잖아요." 클라라가 말했다.

"그 황무지에서 군인들이 옷을 더 받을 수가 없었단다, 클라라. 심지어 음식조차도 넉넉히 받을 수가 없었어." 캡틴이 설명해 주었다.

"하지만 그 모자 때문에 그렇게 혼이 날 줄 알았더라면, 모자를 집으러 가지 않았을 거야. 글쎄 내 목숨이 거의 달아날 뻔했지 뭐냐. 살아있는 게 신기할 정도야. 그 사건을 생각할 때마다 내가 얼마나 어리석었는지 그저 놀랍기 짝이 없어."

"무슨 일이 일어났는데요, 아빠?" 클라라가 물었다.

"다른 인디언들이 그 숲 속을 활보하고 있었다는 사실을 나는 미처 몰랐단다. 그냥 부대를 따라갔어야 했던 거지."

"그래서 어떻게 됐어요, 아빠?" 클라라가 궁금해서 못 견디겠다는 듯이 물었다. 더 이상 기다릴 수가 없었다.

"일단 나는 모자를 찾아봤어. 그러다가 금세 가시덤불 위에 그게 있는 걸 봤어. 그 덤불 숲은 빈 들판 건너편에 있어서 거기까지 가려면 들판 한가운데를 가로질러 가야 했어."

"덤불에 찔리지 않았어요?"

"온몸이 덤불에 찔렸지. 하지만 마침내 내 모자를 구했어. 나는 혹시나 모자가 덤불에 찢어졌을까 싶어서 그걸 치켜들고 자세히 확인했지. 그런데 세 번째로 예상치 못한 일이 또 일어났어. 총알이 내 모자를 뚫고 지나간 거야!"

"모자를 들고 있는 동안 말이에요?"

"그래! 인디언 중 하나가 그 모자가 내 머리인 줄 착각했던 모양이야. 나는 즉시 바닥에 납작 엎드렸지. 인디언이 내가 죽었다고 여기기를 바라며 말이야."

"그 인디언이 아빠를 찾아냈어요?"

"그는 다른 인디언들과 함께 나를 수색하고 돌아다녔어. 만일 그들이 덤불 숲을 에워싸 버리면, 나는 꼼짝 없이 잡히게 되는 거였단다. 그래서 나는 그 숲에서 재빨리 빠져 나가기로 했어."

"숲을 빠져나가셨어요, 아빠?" 아이가 물었다.

"클라라, 만일 아빠가 그때 그 숲에서 빠져나오지 않았다면, 지금 너와 함께 있지 못하겠지?" 그가 미소를 지으며 딸의 머리를 쓰다듬었다. 그리고 이야기를 계속했다.

"물론 나는 다시는 내 머리를 보여서는 안 된다는 점을 배웠지. 그래서 덤불 숲 사이를 엎드려서 기어나갔어."

"총알이 내 모자를 뚫고 지나간 거야!"

"모자는 어떻게 하셨어요?"

"머리에 썼어. 모자 덕분에 내 얼굴이 온통 덤불에 긁히지 않았단다. 챙이 넓은 모자가 그럴 땐 아주 유용하더구나. 나는 아주 조심했어. 소리를 내지 않으려고 말이야. 하지만 인디언들이 눈치를 챘어. 그들의 귀는 면도날처럼 날카롭거든."

"그들은 귀로 물건을 자를 수 있나요?" 클라라가 열심히 물었다.

"아니, 그런 게 아니라, 그냥 말이 그렇다는 거야." 아버지가 대답했다. "나는 '이제 저 인디언들이 내가 숨어있는 덤불을 향해서 총을 쏘겠구나' 라고 생각했지."

"그러니까 인디언들은 아빠가 살아있다는 걸 알아챘군요! 아빠에게 속아 넘어가지 않았어요!"

"그들은 내가 살아있다면 처치하려고 했겠지. 바로 그때 총알이 윙윙거리는 소리를 들었어. 하지만 천만 다행히도 내 덤불 가까이에서 난 소리가 아니었어. 인디언들은 내가 정확하게 어디 있는지 몰랐던 거야. 그래서 잠깐은 안전했지. 나는 덤불에서 빠져나오자마자 온 힘을 다해서 들판을 가로질러 달렸어."

"그래서 도망을 치셨군요, 그렇죠?" 클라라가 물었다.

"아직 아니야, 클라라. 이 곤경에서 빠져나가려면 아직도 멀었어. 곧 내 뒤에서 달려오는 발걸음 소리가 들렸어."

"어머나, 저런! 들키셨군요!"

"나는 잠시 멈춰서 귀를 기울였어. 내 뒤를 따라오는 사람은 단 한 사람뿐이었어. 그는 조용히 달리려고 애쓰지도 않았어. 그는 나를 따라잡을 수 있다고 확신했던 거지. 사실 나도 분명히 그에게 따라잡히겠구나 생각했었어. 달리기에서는 절대로 인디언 전사를 따라갈 수 없거든. 하지만 내가 강둑까지만 잡히지 않고 다다를 수 있다면, 빠져나갈 가능성이 있었지."

"강둑에 다다랐어요, 아빠?"

"나는 그를 따돌릴 수 있는 꾀가 있었단다. 나는 있는 힘을 다해 달려 먼저 강둑에 다다랐어."

"정말 다행이에요!" 클라라가 소리쳤다.

"주저할 틈이 없었어. 즉시 그 꾀를 사용해야 했어. 나는 큰 돌을 집어 강물에 던졌단다. 너무 멀리는 말고 말이야. 곧 물살이 일어났어. 나는 그 인디언이 내가 높은 강둑에서 강물 속으로 뛰어들었다고 생각하게 했지."

클라라가 웃었다. "인디언을 속여 넘기셨군요, 그렇죠?"

"아니, 잠깐. 인디언 전사를 속여넘기는 건 절대로 쉬운 일이 아니야. 오로지 나는 그가 속아 넘어가기를 바랬던 거지. 강둑에는 나무, 덤불, 덩굴로 잔뜩 덮여 있었거든. 정글은 아니었지만, 나는 그 속을 뚫고 바닥에 덤불이 한 가득 뒤엉켜 있는 속에 들어가서 숨었단다."

"오래 기다리셨나요?"

"오래 기다릴 필요가 없었어. 몇 분 후에 그 인디언이 도착했어."

"그가 아빠를 보았나요?" 클라라가 숨을 죽이고 물었다.

"나는 그가 내 앞에 있는 강둑 위에 서 있는 모습을 보았어. 나는 그가 내 숨소리를 들을까 봐 조마조마했단다."

"어머나! 그가 들었나요?"

"그는 들으려고 하지 않았어. 그는 물살이 이는 강물 속으로 총을 쏘기 시작했어. 얼마 후 그가 멈추더니 그르렁거렸어. 그때 나는 드디어 모험이 끝났다는 것을 알았지."

"그가 그르렁거렸기 때문인가요?"

"그가 그르렁거리는 소리는 인디언들이 좋아할 때 내는

소리였어. 나는 그가 무슨 생각을 하는지 정확하게 알 수 있었어." 캡틴이 말했다.

"무슨 생각이에요? 우스운 생각인가요?"

"내게는 조금도 우스운 일이 아니었지. 그는 이제 처치해야 할 백인이 한 명 줄어들었다고 생각했던 거야."

"하지만 그가 잘못 안 거예요, 그렇죠?"

"물론이지. 나는 금방 부대원들을 만날 수 있었어. 그리고 그들과 함께 인디언들을 강둑에서 몰아냈지."

"강을 건너서 도망친 인디언도 있었나요?"

"한 명도 카누를 타지 못했어. 우리는 그들을 강둑에서부터 몰아서 숲 속에서 멀리 쫓아버렸지."

"저도 군인이었으면 좋겠어요."

"나도 네가 군인이었으면 좋겠구나, 클라라. 너는 훌륭한 군인이 되었을 거야. 인디언 전사가 나타나면 아빠에게 신호를 해주었을 텐데."

"제가 아빠에게 신호를? 어떻게요? 그들은 모카신을 신고 움직이니까, 그들이 와도 아무 소리도 나지 않을 텐데, 어떻게 제가 그들이 오는지 알 수 있죠?"

"귀를 기울이면 들을 수 있어. 네 귀는 면도날처럼 날카

롭잖니!"

"하하!" 클라라가 웃었다.

이제 그녀가 잠자리에 들 시간이었다. 그녀는 아빠에게 인사를 했다. 그리고 계단을 올라가 두 언니와 함께 자는 침실로 들어갔다.

2.
크리스마스 아이

1. 부모님이 너무 많다

 옛날에 커다란 구두로 된 집에서 여러 아이들과 함께 사는 할머니 이야기가 있는데, 클라라 바튼이 꼭 그 할머니 같았다. 다만 그 할머니는 아이들이 너무나 많아 어쩔 줄 몰랐지만, 클라라는 자기를 챙겨주는 부모가 너무 많아 어쩔 줄 몰랐다.

먼저 부모님인 아버지와 어머니가 있었다. 그리고 두 언니, 도로시와 샐리가 있었다. 마지막으로 오빠, 스티븐과

데이비드가 있었다. 이렇게 여섯 명의 부모였다.

물론 그녀의 언니와 오빠는 진짜 부모는 아니었다. 다만 클라라에게는 그렇게 보였다. 그녀보다 나이가 훨씬 많았기 때문이었다. 1821년 12월 25일 클라라가 태어났을 때 그들은 이미 다 자란 어른들이었다.

크리스마스날 태어난 이 아이는 마치 아버지, 어머니에게 하듯이 언니, 오빠들에게도 순종했다.

큰 구두 집에 살고 있던 할머니와 클라라는 또 다른 점이 있었다. 클라라의 집은 구두 집이 아니었다.

그녀는 농장에 있는 오두막 집에 살았다. 그 오두막은 기다란 언덕 위에 있었다. 그 언덕은 매사추세츠 주의 옥스포드 마을에서 1.5킬로미터 떨어진 곳에 있었다.

그 농장은 클라라의 아버지, 스티븐 바튼 대위의 농장이었다. 이웃 사람들은 그가 그 지역에서 가장 뛰어난 농부라고 말했다. 과거에는 뛰어난 군인이었고, 지금은 뛰어난 농부라고 말했다. 그 지역에서 그보다 더 뛰어난 군인이나 농부는 없다고들 했다.

그는 훌륭한 말을 키웠으며, 커다란 마구간을 소유했다. 그리고 그 '기다란 언덕' 위에는 넓은 풀밭이 있었다.

그의 둘째 아들 데이비드가 온종일 농장에서 아버지를 도왔다. 첫째 아들 스티븐은 토요일과 일요일에 그를 도왔다.

스티븐은 월요일부터 금요일까지 멀리 떨어진 학교에서 학생들을 가르쳤다. 그는 주말에만 집에 왔다. 도로시와 샐리도 선생님이었다. 그러나 그들은 가까운 학교에서 일했기 때문에 집에서 함께 살았다. 둘 다 집에서 어머니를 도와 요리와 집안일을 했다. 그들은 모두 귀여운 동생에게 정성을 쏟았다.

클라라는 매우 작았다. 그녀는 나이에 비해서도 작았다. 사람들은 그녀가 마치 까만색 머리털과 까만색 눈을 한 예쁜 도자기 인형 같다고 말했다.

그러나 그녀의 머리카락은 도자기 같지 않았다. 그녀는 머리를 예쁘게 두 개로 땋아내렸다. 그녀의 눈도 도자기 인형 눈 같지 않았다.

클라라는 기분이 좋을 때면 항상 눈이 반짝반짝 빛났다. 그녀는 가족들로부터 사랑을 너무 많이 받아서 기분이 좋지 않을 수가 없었다. 언니들은 그녀가 예뻐서 어쩔 줄 몰라했다. 토요일마다 그녀를 데리고 옥스포드로 가서 머리에 다는 리본 같은 예쁜 것들을 사주었다.

때때로 언니들은 그녀의 작은 발에 신을 구두를 사주고, 작은 손에 낄 장갑을 사주었다. 그들은 종종 옷감을 사서 그녀에게 옷을 만들어주기도 했다. 그들은 몇 시간에 걸쳐 바느질하고 자수를 놓으며 가능한 한 예쁜 드레스를 만들어주려고 했다.

농장에서 일해야 하는 오빠들은 그녀를 시내에 데리고 갈 시간이 없었다. 하지만 말 타고 수영하는 법을 가르쳐 주었다. 스티븐은 그녀를 데리고 집 밖으로 나가 놀이를 하며 그녀가 더 힘이 세어지고 더 빨리 자라도록 도와주었다. 데이비드는 클라라가 다섯 살이 되었을 때 말에 안장을 놓고 타는 법을 가르쳐주었다. 이제는 안장 없이 말을 타는 법을 가르치고 있었다. 스티븐은 클라라를 번쩍 들어 길들인 망아지 등에 앉혔다. 그녀는 망아지의 갈기를 붙잡았다. 스티븐이 또 다른 망아지에 타고 둘이 함께 말을 달려 들판을 가로질러 갔다.

클라라의 어머니, 사라 바튼은 그렇게 말 타는 것을 좋아하지 않았다. 그녀는 그것을 '서커스 말타기'라고 불렀다.

토요일마다 그녀를 데리고 옥스포드로 가서 머리에
다는 리본 같은 예쁜 것들을 사주었다.

"망아지는 어려서 어떻게 행동할지 알 수 없어요." 어머니가 말했다. "그러다 만일 클라라가 떨어지면, 큰 말 같으면 멈출 테지만, 망아지는 멋모르고 그대로 달려가 버릴 거예요."

"데이비드가 클라라를 잘 돌봐줄 거예요. 절대로 클라라 혼자서 타게 내버려두지는 않으니까요."

"나도 알아요. 하지만 어제 클라라는 몸이 흠뻑 젖어서 집에 돌아왔어요. 개울을 건너다가 망아지 뷰티가 클라라를 내던져 버렸대요."

"그 개울은 기껏해야 깊이가 10센티도 안 되는 걸요."

"개울이 30미터 깊이였다고 해도 그 망아지가 뭘 알겠어요."

"걱정하지 말아요, 사라. 클라라가 깊은 물 가까이 가도록 데이비드가 절대로 내버려두지 않을 테니. 나뭇가지가 낮은 곳이나, 내리막길 같은 곳은 가지도 못하게 해요. 데이비드는 아주 신중한 아이예요."

"나도 알아요. 하지만……."

"클라라가 어려운 것을 배우는 것은 좋은 일이라고 생각해요." 캡틴이 말을 가로막았다. "살다 보면 위험에 처할 수도 있는데, 그럴 때에 빠져나오는 법을 배우는 거지요."

"말도 안 돼요! 위험이라니요, 나는 한 번도 위험에 처한 적이 없어요. 게다가 나는 평생 말이라곤 타보지도 않았는 걸요!"

"사람이 살다 보면 무슨 일을 당할지 몰라요, 사라. 게다가 클라라가 어떻게 살지 어떻게 알겠어요." 캡틴이 말했다. "클라라는 작지만, 우리 아이들 중 그 누구보다 더 모험을 좋아해요. 앞으로 탐험하며 살아갈 그런 아이란 말이에요."

2. 선생님도 너무 많다

학교는 여름 방학을 시작했다. 그러나 클라라는 언니들과 스티븐 오빠와 함께 계속 공부를 했다.

일주일 정도 지나자 바튼 부인은 클라라의 공부에 대해서 불평을 했다. "클라라는 요리하는 법을 배워야 해." 그녀가 말했다.

그녀의 큰 딸들은 조금도 동의하지 않는다고 말했다.

"클라라는 너무 어려요." 도로시가 말했다. "몸도 너무 작구요."

"엄마, 저희가 항상 도와드리잖아요." 샐리가 말했다. "클라라가 없어도 충분하잖아요."

"그건 그래. 하지만 학교 공부를 좀 쉬고 다른 것도 배워야지. 이제 클라라는 베리 열매를 잘 씻는 법, 사과를 얇게 써는 법, 체리 씨를 빼는 법, 콩깍지 벗기는 법들을 배워야 할 때가 됐어."

"그런 일은 조금도 어렵지 않아요." 샐리가 말했다. "벌써 할 수 있는지도 모르죠. 그리고 금세 배울 수 있어요."

"그러면서도 학교 공부를 계속 할 수 있어요." 도로시가 덧붙였다. "저희는 클라라가 계속 공부했으면 좋겠어요."

"요리하고 싶어요." 클라라가 말했다. "엄마, 요리할 때 나를 부르세요."

그러나 바튼 부인이 요리할 때마다 클라라는 다른 일로 분주한 것 같았다. 도로시와 맞춤법을 공부할 시간이거나, 혹은 클라라에게 책을 읽어주겠다고 약속을 한 시간이었다. 그 다음번에는 스티븐이 클라라에게 산수를 가르쳐주고 싶어 했다.

"클라라에게 물 끓이는 법도 가르쳐 줄 새가 없구나." 어느 여름날 오후 바튼 부인이 도로시에게 불평했다. "너희들이 온종일 클라라에게 무얼 가르치고 있잖니. 너희가 얼마나 훌륭한 선생인지 보여주려고 그러는 거니?"

"그럴지도 모르죠." 도로시가 웃으며 대답했다.

"클라라가 여름 내내 공부만 해야 할 이유가 없어." 어머니가 말했다. "작년 겨울에 아주 성적이 좋았으니까."

"오히려 클라라가 우리를 졸졸 따라다니면서 더하기, 맞춤법, 책 읽는 것을 보여주려고 해요." 도로시가 말했다.

"클라라가 성적이 좋다고 해서." 도로시가 말했다. "우리에게 와서 가르쳐달라는 걸 거절할 수가 없어요. 게다가 클라라는 공부하는 동안이나마 외로움을 잊잖아요, 엄마. 클라라는 또래 친구가 한 명도 없어요. 이 근방에는 비슷한 나이의 아이가 단 한 명도 없어요."

"나도 그 점이 몹시 염려된단다, 도로시. 아빠도 그렇게 생각하시지. 하지만 우리가 어떻게 할 수 있는 일이 없구나. 우리가 농장을 떠날 수도 없고, 우리 농장이 이 지역을 떠날 리도 없고."

"난데없이 어디서 동네 아이들이 나타날 리도 없어요."

"내 말이 그 말이야. 그래서 내가 클라라에게 요리를 가르쳐주려는 거야. 바쁘면 외로울 새가 없으니까. 물론 너희들이 클라라에게 항상 뭔가를 해주고 있다는 건 잘 알아. 하지만 머리를 식힐 새도 있어야지. 클라라는 몸이 튼튼한 편이 아니니까." 바튼 부인이 설명했다.

"엄마 말씀이 맞아요. 스티븐과 샐리에게 얘기할게요. 이번 여름에는 더 이상 공부를 가르치지 않겠다고 약속할게요."

"그러는 편이 클라라에게 더 나을 거야."

"겨울에는 클라라에게 저녁때마다 어머니 옆에 와서 도와드리라고 할게요. 저녁때면 다음날 아침 식사를 준비하시느라 항상 바쁘시잖아요."

"저녁때라구?" 어머니가 말했다. "이 집에서 저녁때마다 무슨 일이 일어나고 있는지 잘 알잖니?"

"무슨 일인데요?" 샐리가 물었다. 그녀는 스티븐과 마침 부엌으로 들어오던 참이었다.

"저녁에 항상 아빠가 클라라에게 옛날이야기를 들려주시잖니. 클라라를 부엌으로 데려가면 안 좋아 하실 거야. 아빠가 클라라와 함께 있을 수 있는 유일한 시간이니까."

"물론이죠. 그러면 아빠가 서운하실 거예요." 스티븐이 말했다. "아빠는 항상 클라라에게 옛날이야기를 해주시면서 지리와 역사를 가르쳐 주시거든요."

"저런, 이제 보니 선생님이 하나 더 있었구나!" 어머니가 말했다. "너도나도 그 가엾은 어린아이를 척척박사로 만들려고 해."

"옛날이야기는 지리공부를 가르치는 훌륭한 방법이에요." 샐리가 말했다. "학생들이 아주 쉽게 배울 수 있거든요."

"클라라는 아빠에게서 지리를 쉽게 배우고 있는 거예요." 스티븐이 말했다. "아빠는 직접 참여했던 전투나 행군에 대해서 가르쳐주세요. 그리고 지도에서 그게 어디인지 보여주시죠. 지도가 없으면 직접 그려서 보여주시구요."

"아빠는 클라라에게 역사도 가르치세요." 샐리가 말했다. "클라라는 윌리엄 헨리 해리슨 장군과 트쿰세 추장에 대해서 모르는 게 없어요. 전쟁이 왜 일어났는지. 그리고 어디서 중요한 전투가 있었는지 다 말할 수 있어요."

"아빠가 직접 그 전투에 참여하셨기 때문이에요." 도로시가 덧붙였다.

"참 좋은 방법이야." 샐리가 말했다. "나도 올해에는 학교에서 그 방법을 사용해야겠어."

"나도 그 방법을 사용하기로 했어." 도로시가 말했다.

"나는 벌써 시도해 봤어." 스티븐이 말했다. "작년에 아빠가 늘 들려주시던 옛날이야기 몇 가지를 학생들에게 들려줬어. 학생들이 얼마나 좋아하던지. 지리와 역사에 낙제한 학생이 한 명도 없었어."

바튼 부인은 귀를 기울여 듣고 있었다. 자녀들은 이제 그녀가 무슨 말을 할 것인지 궁금했다.

어머니는 지혜로운 분이었고, 어떤 상황에서든지 유익한 충고를 해주신다는 것을 알았기 때문이다. 가족들은 모두 어머니의 조언을 기다리고 있었다.

"너희들의 생각에 나도 전적으로 동감이야. 하지만 아무래도 클라라에게는 선생님이 너무 많아. 다섯 명은 너무 많지. 아빠까지 합해서."

선생님들은 모두 웃으며 이제 그만 가르치겠다고 말했다. 그리고 그들의 학생을 어머니에게 맡겼다.

다음 날 클라라는 부엌에서 체리 씨를 빼고 있었다. "하하!" 그녀는 체리즙이 삐져나올 때마다, 심지어 눈에 들어갔을 때에도, 좋아서 웃었다.

클라라는 콩깍지를 쪼개서 콩을 세어보는 것을 좋아했다. 그녀는 콩을 모두 한 번에 꺼내려고 해보았다. 그녀는 비스킷 자르는 것도 좋아했다. 빵 반죽에서 통통한 비스킷이 잘려 나오는 것을 보고 재미있어했다.

그녀는 감자 껍질을 벗길 때면 항상 감자 눈을 세어 보았다. 각각의 눈에서 감자가 나온다는 사실을 이미 잘 알고 있었다. 그녀는 농부의 딸이었고, 밭에 감자를 심을 때 종종 도왔기 때문이다.

"작은 감자 눈에서 그렇게 큰 감자풀이 자란다니 정말 신기해." 클라라가 말했다.

"이상할 것 없단다, 클라라." 바튼 부인이 말했다. "그 눈은 감자의 씨앗이야. 씨를 땅에 심으면 거기서 풀이 자라고, 때가 되면 그 풀에 감자가 열리는 거지."

"그러면 새로 열린 감자에 눈이 생기고, 그러면 또다시 이 모든 걸 반복하지요, 그렇죠?" 그녀가 물었다.

얼마 가지 않아 가족들은 모두 클라라에게 변화가 온 것을 느낄 수 있었다. 도로시와 샐리는 클라라의 목소리가 더 커진 것을 느꼈다. 스티븐은 클라라의 눈이 더 반짝인다고 말했다.

"클라라는 더 행복해졌어." 캡틴이 말했다.

"그리고 더 튼튼해졌어요." 데이비드가 말했다. "이제 말을 타고 더 빨리, 더 멀리 갈 수 있어요."

"아하!" 바튼 부인이 혼잣말을 했다. "그러고 보니 내 말이 맞았군." 그녀는 가족들에게 아무 말도 하지 않았다. 그녀는 단지 클라라가 행복하고 건강하기만을 바랐다.

3
에멀린의 금발 머리

1. "오늘은 백 점이야!"

 어느 날 저녁 클라라와 아버지는 거실에 단둘이 앉아 있었다. 바튼 부인은 부엌에서 빵을 만들고 있었다. 선생님들은 각자 이 층의 자기 방에서 공부하고 있었다. 데이비드는 친구와 함께 옥스포드에 갔다.

폭풍이 치는 밤이었다. 바람이 세게 몰아쳤다. 창문 덮개가 쾅쾅거리며 벽에 부딪혔다. 나뭇가지가 지붕 위를 긁었다. 무서운 소리가 굴뚝을 타고 내려왔다.

위잉---! 위잉---! 위잉---!

클라라가 의자를 아버지 옆으로 바싹 끌어당겼다. "바람 소리를 들으니 에멀린이 생각나요. 인디언들에게 잡혀갔을 때 에멀린 무어가 얼마나 울었을까요?"

"아마도 그랬겠지." 캡틴 바튼이 대답했다. "오늘 저녁에도 이야기를 듣고 싶니?"

"에멀린 무어에 대해서 이야기해 주세요." 그녀가 졸랐다.

"좋아. 에멀린 이야기를 해주지. 그녀가 어느 주에 살고 있었더라?"

"그때는 그곳에 아무 주도 없었어요. 인디언 지역이었죠."

"잘 대답했다. 너를 함정에 빠트리려고 했는데. 지금은 무슨 주가 되었지?"

"인디애나 주예요."

"맞았어. 인디언 지역의 와바쉬 강 옆에 있는 군인 요새는 누가 맡고 있었지?"

"윌리엄 헨리 해리슨 장군이에요."

"그 밑에서 누가 싸웠지?"

"스티븐 바튼 일병이요. 나중에 그는 스티븐 바튼 대위가 됐어요."

캡틴이 웃었다. "하! 하! 그것까지 말하라고 한 것은 아니었어, 클라라. 해리슨 장군의 부하들은 어디서 왔지?"

"버지니아와 켄터키에서 왔어요. 하지만 인디언들과 싸우려면 더 큰 부대가 필요했어요. 그래서 아빠의 부대가 지원을 하러 갔어요. 멀리 매사추세츠에서 걸어서 말예요."

"인디언 전사들을 부추겨서 그 지역에 있는 백인들에게 전쟁을 일으키자고 했던 추장의 이름을 기억하니?"

"트쿰세예요. 그는 정말로, 정말로 영리해요."

"해리슨 장군은 그때 트쿰세가 뭘 하고 있었는지 알고 있었니?"

"아니요. 그는 나중에, 나중에 그걸 발견했어요. 그는 에멀린이 잡혀간 날에도 그 사실을 몰랐어요."

"좋아! 오늘 저녁에는 지리 백 점! 역사 백 점이구나!"

클라라는 좋아서 웃으며 손뼉을 쳤다.

위잉---! 위잉---! 위잉---! 위잉---! 바람이 굴뚝을 타고 내려오며 울부짖었다.

그러나 이번에는 클라라가 바람 소리를 듣지 못했다. 아버지가 이야기를 시작했기 때문이다. 그녀는 아버지의 이야기에 완전히 빠져 들어갔다.

2. 잡혀간 에멀린

"무어 가족은 와바쉬 강가에 있는 통나무 오두막에서 살고 있었어. 그 집은 해리슨 장군이 장악하고 있는 요새에서 1.5킬로미터 떨어진 곳에 있었지.

에멀린은 무어 집에서 가장 큰 아이였어. 그녀는 이제 막 열두 살이 되었고, 파란 눈에 금발을 한 예쁜 소녀였어. 기다랗게 두 채로 땋은 머리가 그녀의 등 뒤로 흘러내렸지.

어느 날 늦은 오후 에멀린은 풀을 뜯어 먹게 하려고 데려다 놓았던 소들을 다시 집으로 데려오려고 숲 속으로 갔어. 그녀는 늘 그 일을 했기 때문에, 무섭지 않았지. 인디언들은 그녀의 가족들과 친하게 지냈어. 그녀는 노래를 부르며 숲길을 걸어갔어.

하지만 에멀린은 바로 앞에 있는 덤불 속에서 검은색 눈이 화가 난 채 자기를 관찰하고 있다는 사실을 몰랐어. 트쿰세가 인디언들로 하여금 백인들에게 등을 돌리게 만들었다는 사실도 몰랐지.

　그녀가 그 덤불 옆을 지나갈 때 한 인디언 전사가 덤불에서 벌컥 뛰어나오며 그녀를 붙잡았어. 에멀린은 너무 놀라서 숨이 막히려고 했어.

　그 전사의 몸에는 전쟁을 뜻하는 물감이 칠해져 있었어. 얼굴에는 까만색과 빨간색 줄무늬가 그려져 있었지.

　그는 허리 띠에서 사냥용 칼을 꺼냈어. 그가 손가락으로 그 날을 만져 보고 있을 때, 에멀린은 이제 틀림없이 죽었다고 생각했어. 그녀는 달아나고 싶었지만, 너무 무서워서 꼼짝도 할 수가 없었어. 그녀는 너무 약했기 때문에 도망갈 생각도 할 수 없었어.

　그 전사는 얼굴을 찡그렸어. 칼날이 너무 무디다고 생각했어. 그리고 허리띠에 달린 주머니에서 돌을 한 개 꺼내어 칼을 갈았어.

　이제 그 인디언은 준비되었어. 그는 돌멩이를 다시 주머니에 넣고 칼을 들었어. 그리고 단번에 에멀린의 금발 머리를 잘랐어.

　에멀린은 머리채가 잘린 것이 슬펐어. 그러나 목숨이 붙어 있으니 오히려 다행이었지. 그녀는 인디언에게 머리채

어느 날 늦은 오후 에멀린은 풀을 뜯어 먹게 하려고 데려다
놓았던 소들을 다시 집으로 데려오려고 숲 속으로 갔어.

를 달라고 부탁했어. 그는 안된다며 화가 나서 그걸 땅바닥에 던졌어.

'나빠.' 그가 말했어. '노란 머리는 나빠. 흉측해. 마을로 가.'

그는 에멀린을 끌고 언덕을 오르락내리락 하며 멀리멀리, 아주아주 멀리 걸어갔어. 그들은 마침내 인디언 마을에 도착했어. 그는 그녀를 늙은 스쿼(여자 인디언)에게 맡기고 떠났어. 그 스쿼는 에멀린에게 더럽고 낡아빠진 인디언 옷을 입히고 일을 시켰어. 그녀는 하루 종일 숲에서 나무를 날라왔어. 스쿼들은 캠프의 불과 요리할 불을 때기 위해 항상 나무가 필요했거든.

그들은 에멀린이 느리고 나무를 많이 가져오지 않는다고 야단을 쳤어. 때때로 에멀린에게 매를 때렸지. 그들은 에멀린의 머리가 자라지 못하도록 항상 짧게 만들었어. 이제 에멀린의 많은 금발 머리는 더 이상 볼 수가 없었어. 그녀는 노예가 된 거야.

에멀린은 밤마다 울다가 잠이 들었어. 엄마 아빠가 보고 싶고 어린 동생들이 보고 싶었어. 두 번 다시 가족들을 볼 수 있을지 알 수가 없었어. 아버지가 그녀를 찾아낼 수 있을까?"

위잉---! 위잉---! 위잉---! 위잉---! 바람이 계속해서 울부짖었어.

"에멀린과 다른 노예들은 마을에서 가장 힘든 일을 했어. 그럴 때마다 그녀는 가족들과 함께 지냈던 좋은 시간을 기억했어. 그렇지만 이제 누가 와서 구해줄 거라는 희망을 서서히 잃어버리기 시작했어.

3. 노예가 된 에멀린

어느 날 에멀린은 숲의 입구에서 일하고 있었어. 그녀

그리고 단번에 에멀린의 금발 머리를 잘랐어.

는 무릎을 꿇고 방금 잡은 사슴 가죽에서 살점을 뜯어내고 있었어. 그 옆에서는 흉하게 생긴 늙은 스쿼가 그녀를 감시하고 있었어.

그녀는 해가 뜰 때부터 계속해서 살점을 뜯고 있었어. 그것은 고된 노동이었어. 살점이란 살점은 남김없이 뜯어내야 해. 살이 조금이라도 남아 있으면 그 스쿼에게 매를 맞게 되거든.

그녀는 몹시 지쳤어. 살점을 뜯던 오른팔이 아팠어. 구부리고 일을 하느라 허리도 아팠고.

갑자기 그녀는 살점 뜯던 기구를 내던지며 허리를 펴고 일어났어.

'더 이상 못하겠어요!' 그녀가 소리쳤어.

'안 돼!' 스쿼가 고함쳤어. '뜯어!'

'못해요.' 에멀린이 흐느껴 울었어. '너무 피곤해요.'

'네 머리털 모두 뽑히고 싶어?'

에멀린은 그 말이 무슨 뜻인지 알았어. 인디언 소녀 하나가 머리카락을 모두 삭발을 하고 있었거든. 스쿼는 그 소녀를 가리켰어. 그 소녀는 무거운 장작을 나르느라 허리가 굽어 있었어.

'우리 부족 아니야.' 그 스쿼가 설명을 했어. '잡혀 왔어. 머리 삭발해도 상관없어.'

이제 그 스쿼는 허리띠에서 사냥 칼을 꺼내더니 숱이 많은 에멀린의 머리카락을 한 움큼 잘라냈어. 그리고 그 머리카락 뭉치를 내팽개치며 물었어. '모두 잘라 버릴까? 저 포로처럼 되고 싶어?'

'아니요! 아니요!' 그 소녀가 소리쳤어. '일하겠어요.'

에멀린은 무릎을 꿇고 도구를 다시 주웠어. 자신의 머리카락이 사슴 가죽 위에 널브러져 있었어. 머리카락을 그곳에 던지는 바람에 아직 뜯어내지 않은 살점에 붙어 버렸어.

'저걸 다 제거하려면 정말 힘들겠는데.' 그녀가 생각했어. 그녀는 힘없이 금발 머리카락을 떼기 시작했어.

바로 그때 젊은 인디언 전사가 달려왔어. 그는 그 늙은 스쿼를 한쪽으로 데리고 가더니 조용히 말했어. 그가 무슨 말을 하는 동안 그 스쿼는 고객을 끄덕이며 투덜거렸어.

'저 인디언은 내가 알아들을까 봐 초조해하고 있어.' 에멀린이 생각했어. '난 알아들을 수는 없지만, 나에 대해서 얘기하고 있다는 걸 알 수 있어. 저 스쿼가 계속 나를 쳐

다보고 있으니까.'

그 인디언이 떠나자 스쿼는 서둘러 에멀린에게로 왔어. 그 소녀의 팔을 붙잡고 화를 내며 소리 질렀어.

'일어나! 일어나! 위그웸으로 가. 빨리!'

그 위그웸은 마을에서 제법 떨어진 곳에 포로들이 사는 곳에 있었어. 그 스쿼는 지친 소녀로 하여금 계속해서 달리게 만들었어.

그녀가 에멀린을 위그웸 속으로 거세게 처박자, 에멀린은 땅에 넘어졌어. 그 스쿼가 따라 들어와서는 입구를 단단히 봉했어. 그리고 에멀린에게 조용히 하라고 몸짓을 했어. 바로 그때 에멀린은 아버지의 목소리를 들었어.

4. 에멀린을 찾아서

무어 씨는 에멀린이 사라진 이후 날마다 그녀를 찾아다녔어. 그는 인디언이 내버린 에멀린의 금발 머리채를 발견했어.

그는 에멀린이 인디언에게 잡혀갔다는 사실을 알고 딸을 찾기 시작했어.

친구 네 명이 합세했어. 그들은 어느 마을의 인디언이

에멀린을 잡아갔는지 알 도리가 없었어. 그래서 그들은 마을을 하나씩 하나씩 방문했어. 그들은 모두 근방의 정착촌 주민들이었어. 각각 총, 사냥칼, 그리고 화약 주머니를 가지고 갔어.

그들은 인디언 마을을 여러 곳 방문했으나, 에멀린이 어디 있는지 실마리를 찾을 수가 없었어. 그러던 어느 날 지나가던 사냥꾼이 피시크릭 강변에 있는 인디언 마을에서 백인 소녀를 보았다고 말했어. 그는 그 백인 소녀와 얘기하려고 했으나, 인디언들이 말을 걸지 못하게 했다고 말했어.

'그 소녀가 몇 살쯤 되었습니까?' 무어 씨가 물었어.

'아마 열두 살쯤 된 것 같습니다.'

'금발입니까?'

'네. 하지만 머리가 짧았어요.'

'뭘 하고 있었습니까?'

'옥수수 밭에서 괭이질을 하고 있었어요.' 그 사냥꾼이 대답했어. '그리고 한 늙은 스쿼가 감시를 하고 있었어요. 비슷한 나이의 소녀들이 함께 일하고 있었어요.'

'그 소녀가 인디언이 아니었다면, 왜 당신은 그에 대해서 캐묻지 않았지요?' 한 사람이 물었어.

'내가 옥수수밭 쪽으로 가려고 하자, 인디언 전사가 나를 잡으러 달려왔어요.' 사냥꾼이 말했어. '그리고 나를 못 가게 하면서 내 말 있는 곳으로 나를 데리고 갔어요.'

'그 마을로 인도해 주시겠습니까?' 무어 씨가 물었다. '뭐든지 달라는 대로 다 드리겠습니다. 그 소녀는 제 딸입니다. 분명해요.'

'미안한 말이지만, 지금 백인이 그곳에 가는 것은 대단히 위험합니다. 트쿰세 추장이 방금 그 마을을 떠났어요. 그게 무슨 뜻인지 잘 아시지 않습니까?'

'물론 알지요!' 한 사람이 말했어. '그가 오하이오 지역 일대의 인디언 부족들마다 돌아다니며 함께 백인들을 모두 몰아내자고 부추기고 다니지요. 아마 그래서 에멀린을 잡아간 것 같아요.'

'인디언들은 트쿰세의 말에 미친 듯이 좋아했어요.' 다른 사람이 말했어. '벌써 백인 정착촌 몇 군데를 습격하기 시작했거든요.'

'그러니 내가 왜 피시크릭 마을에 가지 말라고 충고하는지 이해하시겠지요.' 그 사냥꾼이 말했어. '우리 모두 위

험에 빠질 것입니다.'

 '아무리 위험해도 나는 갑니다.' 무어 씨가 단호하게 말했어. '어떤 위험을 무릅쓰고라도 내 어린 딸을 구하고야 말겠습니다.'

 그의 친구들은 에멀린이 그들에게도 소중한 아이라며, 함께 가겠다고 말했어.

 '그렇다면 내가 인도를 하지요.' 그 사냥꾼이 말했어. '이렇게 용감한 사람들 앞에서, 나만 겁쟁이가 될 수는 없으니까요.'

 그들은 매우 신중하게 계획을 세웠어. 어린 소녀의 생명이 그들의 손에 달려 있었기 때문이야.

 다음 날 그들은 피시크릭 마을에 도착했어. 무어 씨와 그 친구들이 담대하게 마을로 들어갔어. 그 사냥꾼은 몰래 그곳에 들어가서 에멀린이 어디 있는지 찾아 보기로 했어.

 '분명히 그녀를 찾을 수 있을 겁니다.' 그가 말했어. '나에게 장신구가 한 주머니 가득 있어요. 어린 인디언들에게 그걸 주고 에멀린을 숨겨 둔 곳을 알려달라고 하면 됩니다.'

 '포로를 잡아 둔 곳에서 만나기로 합시다.' 무어 씨가 말했어. 그리고 친구들과 함께 추장을 만나러 갔지.

무어 씨는 최근에 인디언 전사가 잡아 온 백인 소녀를 내놓으라고 요구했어.

'여기에는 백인 소녀가 없어요.' 그 추장이 말했어. '인디언 소녀들밖에 없습니다.'

'해리슨 장군이 군대를 몰고 올 겁니다.' 무어 씨가 말했어. '만일 그 소녀를 내놓지 않으면 장군이 이 마을을 침공할 것입니다.'

그 추장은 그의 전사가 백인 아이를 잡아 온 일이 결코 없다고 말했어. 그들은 백인들과 문제를 일으키고 싶지 않으며, 자신들이 원하는 것은 오직 백인들과 친구가 되어 평화롭게 사는 것이라고 말했어.

처음에는 무어 씨도, 그의 친구들도 그 추장의 말을 믿지 않았어. 그러나 얼마 후 그들은 아마도 그 사냥꾼이 착각을 했나보다고 생각하기 시작했어. 그들은 그 추장이 진실을 말한다고 믿게 된 거야.

그러다가 뭔가가 무어 씨로 하여금 의심이 나게 만들었어. 추장이 보고 싶으면 마을 전체를 다 보여주겠다고 말해서 그랬는지도 몰라. 아니면 그가 '여기는 백인 소녀가 없다. 우리는 백인들과 친구가 되고 싶다'고 계속 되풀이 말해서 그랬는지도 모르고.

무어 씨는 추장의 말을 믿는 것처럼 행세하며, 항상 인디언 마을 구경하는 것을 좋아한다고 말했어. 그는 위그웸을 바라보며 즐거운 표정을 지었어.

그의 친구들은 그가 마을을 살펴보고 싶어서 그런 핑계를 댄다는 것을 알고, 고개를 끄덕이며 미소를 지으며 동의했어. 그들은 당장 마을을 보여달라고 했어.

그러는 동안 그 사냥꾼은 사슴 가죽 위에 금발 머리카락이 들러붙어 있는 모습을 발견했어. 그리고 한 인디언 소녀가 에멀린이 어디에 있는지 말해 주었어. 그녀는 정보를 준 대가로 장신구를 여러 개 받았어. 그 사냥꾼은 즉시 그들이 타고 온 말을 포로수용소에 묶어 놓았어. 그리고 고삐를 잡고 있다가 나머지 일행이 오면 달아날 수 있도록 대비하고 있었어.

백인 수색대들이 사냥꾼에게 오자, 그는 위그웸 한 개를 가리켰어.

'그녀가 저 안에 있어요.' 그가 작은 소리로 말했어.

'저 안에 말입니까?' 무어 씨가 말했어. '그걸 어떻게 압니까? 진짜 확실합니까?' 그는 너무 흥분하는 바람에 너무 큰 소리로 말했어.

'쉬---!' 사냥꾼이 경고했어.

에멀린은 아버지의 목소리를 듣자 비명을 지르고 싶었어. 그러나 그 늙은 스쿼가 소녀의 입을 손으로 막았어. 그러는 동안 백인들이 모두 그 위그웸으로 쳐들어가서 아이를 붙잡았어.

'아빠! 아빠!' 그 어린 소녀가 울음을 터트렸어. 그리고 아버지의 팔에 안겼어. 그는 딸을 꼭 안아 주었어.

다른 백인들은 그 스쿼의 손과 발을 묶었어. 그리고 입에다 낡은 헝겊 조각을 박았어. 백인들은 모두 서둘러 말에 올라타고, 에멀린은 아버지 뒤에 앉히고 말을 달렸어. 그들은 빠른 속도로 달려 집으로 돌아갔어."

5. 한밤중의 비명

캡틴은 벽난로에 장작 한 개를 더 넣었다. 그가 돌아보니 클라라가 조용히 울고 있는 것이 아닌가!

"왜, 무슨 일이니?" 그가 얼른 물었다.

"에멀린." 클라라가 흐느꼈다. "너무 불쌍해요. 그리고 전에는 못 느꼈는데, 그 머리카락. 그녀의 머리가 다시 자라겠지요?"

"물론이지." 캡틴이 놀라며 대답했다.

"인디언이 와서 다시 그녀의 머리카락을 자르고 인디언 마을로 잡아가면 어쩌죠?"

그때 바튼 부인이 방에 들어가다가 울고 있는 클라라를 보고는 캡틴을 쳐다보았다.

"에멀린 때문에 울고 있는 거예요." 캡틴이 아내에게 설명을 해주었다.

사라는 지혜로운 여자였기 때문에 어린 딸을 다독거려 주지 않았다. 클라라에게 울음을 그치면 생강 빵을 주겠다고 약속하지도 않았다.

"아, 그랬구나!" 바튼 부인이 말했다. "엄마도 에멀린 이야기를 들을 때마다 눈물을 흘렸단다. 자, 이리 온, 클라라. 이제 빵반죽이 다 준비됐어. 엄마를 위해서 팬에 기름을 발라 주겠니?"

오 분이 지나자 클라라의 명랑한 웃음소리가 들렸다. 그녀는 에멀린의 고통에 대해서는 잊어버린 것 같았다.

"사라는 참 지혜로와." 캡틴이 혼잣말했다. "항상 현명하게 행동한다니까."

그날 밤 모두가 잠든 후에, 딸들이 자는 방에서 무서운 비명 소리가 들렸다. 집안 식구들이 모두 잠에서 깼다. 바튼 부인은 어깨에 숄을 두르고 서둘러 이 층으로 올라갔다. 바튼 씨는 담요를 몸에 두르고 뒤따라 올라갔다.

이층 계단 위에 다다르자, 스티븐과 데이비드도 그들의 방에서 나왔다. 각각 담요를 몸에 두르고 촛불을 손에 들고 있었다.

캡틴이 방문을 열고 네 명이 함께 방 안으로 들어갔다. 샐리와 도로시는 정신이 번쩍 든 채 침대에서 일어나 앉아 있었다.

"무슨 일이야?" 어머니가 물었다. "누가 비명을 질렀지?"

큰딸들은 어린 동생이 자는 침대를 가리켰다. "클라라가 자면서 비명을 질렀어요." 도로시가 말했다. "그래서 우리 모두 잠에서 깬 거예요."

"무서운 꿈을 꾸었구나." 바튼 부인이 말했다.

클라라가 또 비명을 질렀다. 어머니가 그녀를 부드럽게 흔들자 그녀가 눈을 떴다. "엄마! 아빠! 살려 줘요!" 그녀

바튼 씨는 담요를 몸에 두르고 뒤따라 올라갔다.

가 소리 질렀다. "인디언이 내 머리를 잘랐어요! 내 머리카락이 흉하대요. 너무 노랗대요."

"손으로 네 머리를 만져 보렴." 아버지가 말했다. "네 머리는 그대로 있어."

"두 개로 땋았잖아." 데이비드가 덧붙였다.

"그리고 새카맣지." 스티븐이 말했다.

클라라는 땋은 머리 두 채를 만져 보았다. 그리고 눈을 크게 떴다.

"머리가 그대로 있네." 그녀가 말했다. "하지만 인디언 두 명이 나타났어. 그리고 말을 했어."

"금발이 싫다고 했어?" 스티븐이 그녀에게 미소를 지어 보이며 말했다.

"응." 클라라가 심각한 얼굴로 대답했다. "인디언이 내 머리를 잡았는데, 금발이었어. 내 눈으로 똑똑하게 봤어. 인디언이 허리띠에서 칼을 꺼내서 내 머리카락을 잘랐어."

"에멀린 무어 꿈을 꾼 거야." 어머니가 말했다.

"물론 꿈이지!" 모두 다 말했다.

그리고 바튼 부인은 나머지 식구들을 잠자리로 돌려보냈다. 그녀는 클라라가 잠이 들 때까지 손을 꼭 쥐고 옆에 앉아 있었다. 아이가 잠이 들자마자 어머니는 생각에 잠긴 채 거실로 내려갔다. 그곳에는 캡틴 바튼이 걱정되고 초조한 표정으로 앉아 있었다.

6. 무서운 이야기는 이제 그만

"클라라는 어때요, 사라?" 아내가 거실로 들어오자 캡틴이 물었다.

"이제 잠이 들었어요. 더 이상 나쁜 꿈을 꾸지 말아야 할 텐데." 사라는 불 가에 앉아 숄로 어깨를 꼭 감쌌다.

"스티븐." 그녀가 진지하게 말했다. "클라라에게 인디언 이야기를 너무 많이 해준 것 같아요."

"나도 그 생각을 하고 있었어요. 하지만 그전에는 클라라가 에멀린 이야기를 듣고도 아무렇지도 않았는데……."

"이제 더 컸잖아요. 이제 에멀린이 얼마나 고통을 받았는지 더 이해할 수 있게 된 거죠." 바튼 부인이 말했다.

"그랬던 것 같아요."

"클라라가 무서운 이야기나 고통스러운 이야기를 들으면 슬퍼하는 것을 느꼈어요." 바튼 씨가 계속 말했다.

"다른 아이들은 에멀린 이야기를 들어도 그렇게 괴로워하지 않았어요. 나쁜 꿈도 꾸지 않았고 말이에요."

"나쁜 꿈을 전혀 꾸지 않았죠." 사라가 남편에게 미소를 지으며 말했다.

"클라라에게 공부를 가르치는 다른 방법을 생각해 봐야겠어요." 캡틴이 말했다. "이제 옛날이야기를 모두 그만두어야 할까 봐요."

"아니요. 옛날이야기는 참 좋은 방법이에요." 바튼 부인이 말했다. "다만 잔인하고 무서운 부분만 빼고 하세요."

"그렇다면 부대에서 있었던 웃기는 이야기를 해줘야겠구먼."

"그러면 클라라가 좋아할 거예요."

그들은 잠시 말이 없었다. 그리고 사라가 말을 했다.

"스티븐, 클라라는 다른 아이들과 다른 것 같아요."

"나도 그렇게 생각해요, 사라."

4
동물 길들이기

1. "인형을 주지 마세요!"

일 년이 지나고, 다시 여름 방학이 시작되었다. 클라라는 여덟 살 반이 되었다.

선생님들은 집으로 돌아왔다. 그러나 시험공부를 해야 했기 때문에, 클라라와 놀아줄 시간이 없었다.

"엄마." 어느 날 도로시가 말했다. "클라라가 인형을 가지고 놀 수 있도록 허락을 해 주세요. 인형이 있으면 클라라가 그렇게 외롭지 않을 거예요."

"클라라는 외롭지 않아. 동물 친구가 얼마나 많은데."

"하지만 여자아이들은 인형을 좋아해요. 샐리와 저에게는 인형을 가지고 놀게 해주셨잖아요."

"그래, 나도 알아. 하지만 그동안 엄마 생각이 바뀌었어."

"클라라에게는 왜 인형을 주지 않으세요?"

"클라라가 생명이 없는 물건을 좋아하지 않기를 바라서 그래. 오히려 살아있는 동물을 사랑하기를 바란다. 동물을 어떻게 돌보는지도 배우고, 잘 보살피고자 하는 마음도 가지도록 말이야."

"그것 좋은 생각이에요, 엄마. 동물은 사랑을 받으면 주인을 사랑하지요."

"그래, 도로시." 바튼 부인이 말했다. "동물은 주인에게 감사할 줄 알고 사랑을 표현하지. 무엇보다도 동물들은 하나님께서 창조하신 소중한 존재라는 것을 클라라가 깨닫기를 바래."

"그게 무슨 뜻이죠?"

"동물도 사람과 마찬가지로 감정과 생각이 있다는 걸 깨닫는 거지. 클라라가 항상 동물과 함께 있다 보면, 누구든 동물을 함부로 다뤄선 안 된다는 것을 배우게 될 거야."

"엄마 생각이 항상 옳아요! 우리 중에 엄마의 지혜를 따라갈 사람이 없어요. 다시는 클라라에게 인형을 주라고 하지 않을게요."

"클라라가 원하면 동물들은 얼마든지 많이 줄 수 있어." 바튼 부인이 말했다. "농장에는 얼마든지 기를 공간이 있으니까."

2. 동물 친구가 그렇게 많다니!

클라라는 또다시 구두로 만든 집에 살며, 아이들이 너무 많아서 어쩔 줄 모르던 할머니같이 되었다.

어미 고양이와 새끼 고양이는 클라라가 있는 방마다 졸졸 따라다녔다. 클라라가 마당에 나오면 개가 쫓아 왔고, 암탉과 수탉, 칠면조, 오리 가족과 거위 가족이 클라라의 뒤를 따라왔다.

풀밭에서는 송아지와 망아지가 클라라의 애완동물이었다. 그것들은 클라라가 풀밭에 나올 때마다 달려와서 그녀를 맞아 주었다.

클라라는 동물들이 모두 자기에게 말을 한다고 여겼다. 특히 암탉, 수탉, 오리와 칠면조는 벌레를 발견할 때마다 그녀에게 소리를 질러 자신들이 얼마나 영리한지를 자랑한다고 생각했다. 클라라는 그들이 내는 소리가 무슨 뜻인지 이해할 수 있게 되었다.

"망아지는 나에게 자기가 얼마나 잘 달리는지를 보여줘. 내 앞에서 자랑하는 거야." 그녀가 샐리에게 말했다.

"송아지는 뭘 자랑했니?"

"아직 모르겠어. 조금 더 두고 봐야지."

"클라라, 예쁜 동물들이라면 나도 쓰다듬어 주고 싶은데." 샐리가 말했다. "저 징그러운 칠면조는 도저히 만질 수가 없어. 얼굴이 꼭 화난 것 같아. 그렇지 않니?"

"쓰다듬어 주면 얼마나 좋아한다구!" 클라라가 말했다. "꽉 무는 거북이도 쓰다듬어 주면 좋아해."

"뭐라구! 꽉 무는 거북이를 애완용으로 삼았다구?" 샐리가 놀라서 소리쳤다.

"그럼! 내가 가까이 가면 쓰다듬어 달라고 고개를 쑥 내미는걸."

"그러다가 언젠가는 네 손가락을 물어 버릴 거야." 샐리가 경고를 했다. "한번 물면 놔주지도 않아. 너도 잘 알 잖아?"

"나도 알아." 클라라가 말했다. "데이비드 오빠가 그러는데, 절대 놔주지를 않아서 죽여야 할 때도 있대. 하지만 내 거북이는 달라."

"어떻게 해서 그걸 쓰다듬게 됐어?" 샐리가 물었다.

"처음에는 건드리지 않고 얘기만 했어. 그러다가 이제 나를 물지 않는다는 것을 알게 됐지."

샐리가 마음씨 고운 어린 여동생을 유심히 쳐다보았다.

클라라가 마당에 나오면 개가 쫓아 왔고, 암탉과 수탉,

"네 목소리가 그것들을 길들이는 것 같아, 클라라." 그녀가 말했다. "네 목소리가 너무나 곱고 상냥해서, 동물들이 마음을 놓는 거야."

"내가 자기들을 사랑한다는 걸 아는 것 같아." 클라라가 말했다.

"네 목소리를 들으면 금방 알 수 있지!" 샐리가 말했다.

"얘들아, 얼른 와 봐! 패치가 심하게 다쳤어." 갑자기 헛간에서 데이비드가 그들을 불렀다.

칠면조, 오리 가족과 거위 가족이 클라라의 뒤를 따라왔다.

3. 패치를 도와줄 수 있을까

패치는 데이비드의 사냥개였다. 크고 늠름하며 온몸에 갈색 점이 있는 개였다. 부드럽고 기다란 귀는 갈색이었고, 눈은 크고도 또랑또랑했다.

가족들 모두 패치를 사랑했다. 마치 한가족 같았다. 클라라는 패치가 아침마다 와서 자기에게 인사를 한다고 늘 장담을 하곤 했다.

그런데 이제 패치는 헛간 바닥 풀더미에 누워 있었다. 클라라는 그 개가 몹시 아프다는 것을 알고 흑흑 울었다.

"마차 바퀴에 깔렸어." 데이비드가 설명해 주었다. "발 한 개가 뭉그러졌어. 만지지도 못하게 해."

"빨리 무슨 수를 써야 해." 샐리가 말했다. "이렇게 내버려 둘 수는 없잖아."

"내가 돌봐 주면 화를 안 낼지도 몰라." 클라라가 말했다. "스티븐의 개가 다리를 다쳤을 때, 내가 돌봐 준 적이 있어. 한번 해 볼게."

"클라라의 목소리에는 동물들이 잘 따르는 것 같아." 샐리가 말했다.

"패치가 이해하면 좋겠는데……." 데이비드가 말했다.

"패치에게 잠깐 얘기를 하면, 어떻게 해야 할지 알 수 있을 거야." 클라라가 말했다. 그녀는 개 옆에, 하지만 너무 가깝지 않게 앉았다. 그녀는 조용히 앉아 있었다. 아무 말도 하지 않고, 움직이지도 않았다.

"만일 패치가 으르렁거리거나, 이빨을 드러내면, 절대로 패치 발을 만지려고 하면 안 돼, 알겠지?" 데이비드가 경고했다. 그리고 그는 샐리에게 집에 들어가서 더운물, 통증 완화제, 그리고 붕대를 가져다 달라고 부탁했다. 그는 무기력하게 개 옆에 서서 어떻게든 도와줄 수 없을까 애를 태웠다.

클라라는 곧 개에게 말하기 시작했다. 부드럽고 친절하고 사랑스러운 목소리였다.

"우리 패치! 우리 패치!" 그녀는 계속해서 그렇게 말했다. "내가 돌봐 줄게."

그녀는 상처 난 개의 발에 가만히 손을 댔다. 그러자 놀라운 일이 일어났다. 패치가 그녀의 손을 핥은 것이다.

"우리 패치, 우리 패치." 클라라가 말했다. "우린 모두 널 사랑해. 네가 낫기를 바래."

"이제 위험하지 않겠구나, 클라라." 데이비드가 가만히 말했다. "으르렁 소리도 내지 않으니. 계속해."

샐리는 집에 가서 필요한 것들을 가져와서 클라라 옆에 놓았다.

클라라는 따뜻한 물에 개의 발을 씻은 뒤 통증 완화제를 발랐다. 그리고 깨끗한 붕대로 뭉그러진 발을 감아주었다. 그리고 나자 패치가 다시 클라라의 손을 핥았다.

"정말 잘했어. 대단한데." 데이비드가 말했다.

가족들 모두 그녀를 칭찬했다. 그중에서도 아버지의 칭찬이 최고였다.

"얘야, 넌 훌륭한 군인이다. 용감한 군인이야."

4. 어린 의사

얼마 가지 않아 이웃 사람들은 "그 놀라운 어린 소녀 클라라 바튼"에 대해서 말하기 시작했다.

"그녀는 동물을 다루는 방법을 알고 있어요." 그들이 말했다. "동물이 아플 때 어떻게 해야 하는지를 잘 알지요."

아이들은 애완용 동물이 병이 들면 클라라에게 가져왔다. 수지 화이트는 흰색 새끼 고양이가 아프자, 그것을 안고 멀고 먼 언덕길을 올라왔다. 클라라는 날마다 그 고양이를 사사프라 잎사귀 물에 씻겨주며 몸에서 벼룩을 제거했다. 그러자 금세 고양이가 회복되었다.

아래쪽 마을에 사는 패티 클리는 병든 개를 데리고 왔다. 그 큰 개를 안고 먼 길을 걸어왔다. 클라라는 개에게 음식을 너무 많이 주었다고 말했다. 그리고 일주일 동안 개에게 적당량의 빵과 우유만 주자, 병이 나았다.

어느 날 아침 앤디 컬리의 애완용 마멋이 개에게 다리를

"우리 패치! 우리 패치!" 그녀는 계속해서 그렇게 말했다.
"내가 돌봐 줄게."

물려 절뚝거렸다.

앤디의 아버지는 마멋이 더이상 고통스럽지 않게 하려고 총을 쏘아 죽이려고 했다. 그러나 앤디는 도무지 그렇게 할 수가 없었다. 앤디는 당장 손을 쓰지 않으면 마멋이 죽어버린다는 사실을 알았다.

패니가 앤디에게 클라라가 도와줄 수 있다고 말해 주었다. 그러나 앤디는 여자아이에게 도움을 청하러 갔다가 다른 남자아이들에게서 놀림감이 될까 걱정이 됐다. 그렇게 하루하루 가는 동안 마멋은 점점 죽어갔다. 빨리 손을 써야만 했기 때문에, 그는 마멋을 클라라에게 가져왔다. 이제 다른 남자아이들에게 놀림감이 되어도 상관이 없었다. 앤디는 그 마멋이 물지 않도록 훈련이 되어 있다고 클라라를 안심시켜 주었다.

바튼 씨는 야생동물은 아무리 훈련을 시켜도, 고통을 느끼면 위험한 행동을 한다고 말했다. 그는 앤디를 도와 그 마멋을 잡고 있었고, 클라라는 상처 부위를 세심히 관찰했다.

그러나 마멋을 잡고 있을 필요가 없었다. 클라라는 그것에게 말을 걸고, 다리를 붕대로 감는 동안 그것은 꼼짝 않고 앉아 있었다. 그리고 순식간에 다시 생기를 되찾았다. 앤디는 클라라의 능력에 놀라서 어리둥절했다.

앤디는 친구들에게 가서 클라라가 자기 애완동물을 어떻게 고쳤는지 말해 주었다. 아무도 그를 놀리려고 하지 않았다. 대신 자기들도 도움이 필요하면 클라라에게 가야겠다고 했다. 그들은 여자아이들도 뭔가 잘하는 것이 있다는 걸 인정했다.

어느 날 캡틴 바튼은 클라라가 그의 군부대에 있었더라면 정말로 많은 도움이 되었을 거라고 말했다. 군인들은 항상 애완동물을 가지고 있었고, 늘 도움이 필요했다. 오리, 메추라기, 토끼, 개똥지빠귀 새, 찌르레기, 개, 여우, 다람쥐, 족제비, 청설모 등이 다리를 절거나 병에 들곤 했다.

"하루는 어느 군인이 키우던 스컹크가 발을 몹시 다쳤어!" 그가 말했다.

"스컹크라구요!" 클라라가 소리쳤다.

아버지가 끄덕끄덕했다. "정말 예쁜 스컹크였지. 지금도 눈에 선해. 그 부드러운 털은 마치 한밤중처럼 새까맸어. 넓은 흰색 줄무늬가 머리부터 꼬리까지 흘러내렸지. 파란색 눈은 짓궂은 표정으로 반짝거렸고. 정말 사랑스러운 장난꾸러기였어."

"하지만 아빠, 혹시? 저 혹시……"

"아니. 한 번도. 우리와 함께 사는 동안 그것은 단 한 번도 못된 짓을 하지 않았어."

"그래서 어떻게 됐어요?"

"발이 낫지를 않아서, 결국 근처에 사는 착한 인디언에게 주었지. 그것은 자기에게 잘해주는 사람을 알고 절대로 못된 짓을 하지 않아."

캡틴과 클라라가 함께 웃었다. "엄마에게 스컹크 얘기하지 말아라. 혹시 네가 스컹크를 키울까 봐 염려하실 테니."

"키울 거예요." 소녀가 말했다.

"안돼, 클라라. 엄마가……."

"만일 아픈 스컹크가 있다면 말예요."

아버지는 클라라를 유심히 들여다보았다. "그래. 넌 그럴 거야. 넌 아픈 동물을 보면 어떻게든 돌봐 주려고 할 거야."

5
이사

1. 새집에 온 손님들

　바튼 부인은 언젠가 도로시에게 그들은 농장을 떠날 수도 없고, 농장이 다른 곳으로 움직일 수도 없다고 말한 적이 있었다. 그러나 그 두 가지 일이 한꺼번에 일어났다. 바튼 가족은 농장을 떠났고, 농장은 그 언덕을 떠났다.

　이제 그 농장은 롱힐의 아래쪽 계곡에 있었다. 바튼 씨는 그곳에 3백 에이커의 땅을 샀다. 말과 소들에게 풀밭이 더 필요했다. 이제 헛간 세 채를 지어야 했다.

집이 클 필요는 없었으나 새 농장에는 이미 커다란 집이 있어서 가족들은 큰 집에서 살게 되었다. 그 집은 이전의 오두막보다 세 배나 더 컸다.

집 앞에는 포치가 있었고, 이 층에는 발코니가 있고, 다락까지 합하면 삼 층 집이었다. 침실은 무려 일곱 개가 있었다. 커다란 다락에는 침대가 세 개 있었다. 클라라는 그렇게 많은 침실을 어디에 다 쓸지 알 수가 없었다. 도로시, 샐리, 스티븐은 주말에만 집으로 왔기 때문이었다.

"두고 봐라." 아버지가 말했다. "손님들이 올 테니까. 해티 러니드 숙모에게 아이들을 데리고 오시라고 초청했어."

"여름 내내 이곳에서 지내시라고 했어." 바튼 부인이 말했다. "그러면 클라라에게 친구가 될 거야. 사촌들 네 명은 모두 너와 나이가 비슷하니까. 남자아이들 두 명은 약간 나이가 더 많고, 여자아이들 두 명은 약간 어리고."

"사촌 네 명도 부족할까 봐, 내가 로벳 스팀슨도 오라고 초대했지." 캡틴이 말했다. "네 나이 또래의 아주 착한 소년이야."

"그도 제 사촌인가요?" 클라라가 물었다.

"아니. 내 친구 아들이지."

"네가 이 큰 집에서 외로워 할까 봐 다들 오라고 했어."

다음날 손님들 여섯 명이 함께 왔다. 클라라는 이제 침실 일곱 개를 다 사용할 수 있다는 것을 알았다.

러니드 숙모의 두 소년 샘과 빌리, 그리고 로벳 스팀슨은 다락에 있는 침대 세 개에서 잤다. 샘과 로벳은 열세 살이었고, 빌리는 열한 살이었다.

러니드 숙모의 딸들 플로렌스는 아홉 살, 베시는 일곱 살이었다. 그들은 이 층 침실에서 잤고, 그 어머니는 그들 옆 방에서 잤다.

클라라는 그 맞은 편 방에서 잤다. 이제 클라라 방에는 어른 침대와 서랍장이 있었다. 침대 옆에는 구리로 만든 촛대에 양초가 꽂혀 있었다. 책을 꽂아 놓은 책장과 작은 흔들의자도 있었다. 창문에는 주름을 잡은 커튼이 걸려있었고, 바닥에는 카펫이 깔려 있었다.

클라라의 방문은 항상 열어놓아야 했다. 다른 아이들이 모두 그 방에 들어오고 싶어했기 때문이다.

그 외의 침실은 바튼 부부, 그리고 샐리, 도로시, 스티븐, 데이비드의 방이었다. 주말이면 침실이 모두 찼다.

저녁때면 거실에는 어른들이 앉아 있었다. 소년 소녀들은 벽난로 근처의 마룻바닥에 앉았다. 여름이었지만 저녁이면 서늘해서 항상 불을 피워야 했다.

쓸쓸해 보이던 식당은 이제 북적거렸다. 어린 소녀와 부모 셋이서 밥을 먹던 그곳은 이제 아이들 여섯 명이 먹으며 웃으며 이야기를 나누는 곳이 되었다.

클라라는 손님들과 함께 있는 것이 너무 좋아 먹는 것도 잊어버릴 때가 있었다. 평생 그렇게 행복한 적이 없었다. 친구들이 다섯 명이나 있다니! 하나, 둘도 아니고 다섯 명이나!

2. 점심시간에 놀기

아이들은 점심때 거의 집에 있는 법이 없었다. 그들은 커다란 점심 바구니를 들고 밖으로 나갔다.

블랙베리를 따는 날에는 숲 속에서 점심을 먹었다. 그들은 종종 나무를 벌목하는 곳에 가서 구경 하며 통나무 위에 앉아 점심을 먹었다. 그들은 그곳을 너무 좋아해서 하루 종일 거기서 놀았다. 통나무를 실어 나르는 수레를 타고 강을 건너갔다 오기도 했다.

동굴 안을 탐험하기도 했다. 어두컴컴한 동굴에 앉아 점심을 먹으면 마치 모험이라도 하는 것 같았다. 목소리가 동굴 안에서 쩌렁쩌렁 울리면 더욱 신이 났다.

그러나 동굴 안쪽 깊은 곳에는 절대로 들어가지 않았다. 캡틴은 반드시 동굴 입구까지만 가야 한다고 일러주었고, 그들은 순종했다.

"샘과 로벳이 먼저 동굴 안에 들어가서 위험한 것이 없는지 확인을 한 뒤에 들어가야 한다." 캡틴이 말했다. "뱀이나 위험한 동물이 있을지도 모르니까."

한번은 로벳이 동굴에서 이상하게 생긴 동물이 잠자고 있는 것을 발견했다. 그는 그것이 살쾡이 같다고 말했다. 탐험대들은 즉시 그곳에서 도망을 쳤다.

낚시하러 갈 때는 점심을 가져갔지만, 고기는 가져가지 않았다. 모닥불을 지펴서 그들이 잡은 물고기를 요리할 셈이었다.

클라라는 그해 여름 최고로 행복했다. 손님들이 떠나지 않았으면 좋겠다. 클라라는 아이들과 함께 나무를 타고 높은 가지에 매달렸다. 함께 짚더미에서 미끄럼을 타고 게임을 했다. 그리고 다른 아이들이 하는 것을 모두 따

블랙베리를 따는 날에는 숲 속에서 점심을 먹었다.

라서 했다.

 클라라는 기우뚱 기우뚱거리는 통나무를 타고 강을 건너려고 해보았다. 농장을 가로질러 흐르는 그 강은 좁다란 시냇물이었지만, 깊었다. 여자 사촌들은 시도해보지도 않았다. 그들은 클라라가 소년들과 함께 통나무를 타는 것을 구경했다. 클라라는 계속해서 물에 빠졌지만, 다행히도 매번 다시 통나무에 올라탔다. 데이비드가 수영을 가르쳐주었기 때문이었다.

 마침내 그녀는 물에 빠지지 않고 강을 건너갔다. 통나무 위에서 균형을 잡는 법을 터득한 것이다.

 캡틴 바튼은 아이들 모두에게 그의 말과 망아지를 타보도록 했다. 방문객들은 자기들이 좋아하는 말들을 고를 수 있었고, 원하면 언제든지 탈 수 있었다.

 소년들은 인디언들처럼 안장 없이 말을 탔다. 무릎을 말의 목덜미에 꼭 붙이고 달렸다. 그들은 늘 그렇게 말을 탔지만, 클라라도 그런 식으로 말을 타는 것을 보고 놀랐다.

 클라라는 그들과 경주를 했고, 거의 항상 소년들을 물리쳤다. 그 소년들은 어안이 벙벙했다. 그들은 클라라가 어릴 때부터 항상 말을 탔다는 사실을 몰랐다.

　아버지는 손님들 앞에서는 클라라 자랑을 늘어놓지 않았지만, 자기 아내에게는 예외였다.

　"클라라는 다른 아이들보다 뭐든지 더 잘해요. 이제 키도 자라고 더 튼튼해졌어요. 얼굴도 검게 타고. 이번 여름이 좋은 시간이 되었어요."

　"네. 클라라는 더 힘이 세어졌어요." 데이비드가 말했다. "어제 강에서 통나무를 타고 건너는 걸 봤죠."

　"소년들은 클라라가 할 수 없다고 생각했지만, 클라라가 해냈어요." 캡틴이 말했다. "소년들보다 더 빨리 건너갔어요."

　"클라라에 대해서 자랑을 하시는 건가요?" 스티븐이 눈을 찡긋하며 말했다.

3. 거머리

　강물은 농장을 가로질러 숲으로 들어갔다. 숲 속 어디쯤에선가 그 강물은 넓게 퍼져 얕은 연못이 되었다. 소녀들은 항상 거기서 수영을 했는데 어머니들은 다른 곳에서는 절대로 수영하지 못하게 했다.

하지만 소년들은 거의 방앗간 근처까지 가서 물이 깊은 곳에서 수영했다. 소녀들이 수영하는 연못에는 감히 얼씬거릴 생각도 하지 않았다.

소녀들은 숲 속에 있는 그 연못을 좋아했다. 그곳은 그늘지고 시원했다. 연못 가장자리에는 키가 큰 풀과 고사리가 자라고 있었다. 그들이 앉을 수 있는 이끼도 있었고, 물 위에는 예쁜 물풀이 있었다.

그런데 한 가지가 그들을 괴롭혔다. 거머리였다. 소녀들이 물에 들어가면 곧바로 거머리 한 두 마리가 몸에 들러붙는 것이다. 징그럽고 소름 끼치는 일이었다.

"거머리는 아프지는 않아요. 물 밖에 나올 때까지는 그게 붙어 있는지도 못 느끼니까요." 플로렌스가 어머니에게 말했다. "하지만 그것을 떼려면 힘들어요. 어떨 때는 너무 착 들러붙어서, 찢어버려야만 해요."

어느 날 오후 소녀들이 연못에서 수영할 때, 의사인 와드 선생님이 커다란 유리그릇을 가지고 연못으로 왔다. 그는 소녀들을 불러서는 자신이 거머리를 수집하는데, 소녀들이 거머리를 잡아 주면 한 마리에 1센트를 주겠다고 했다.

그는 클라라가 베시의 팔에서 거머리 떼는 모습을
자세히 관찰했다.

"하지만 찢어진 거머리는 안 된다." 그가 말했다. "나는 그걸 물고기 미끼로 사용하려는 게 아니야. 환자에게 사용하려는 거지."

소녀들은 거머리로 병을 고친다는 사실을 알았다. 그것을 환자의 몸에 붙이면 더러운 피를 빨아내기 때문이다. 그 거머리의 배가 꽉 차면, 다른 거머리를 붙인다.

"벌써 제 팔에 두 마리가 붙었어요. 하지만 클라라가 떼어 줄 거예요." 베시가 말했다. "클라라가 제일 잘 떼요."

"맞아요." 플로렌스가 말했다. "엄마보다 더 잘 떼네요."

"어떻게 떼내는지 한번 보자, 클라라." 그 말을 흥미롭게 듣고 있던 의사 선생님이 말했다.

그는 클라라가 베시의 팔에서 거머리 떼는 모습을 자세히 관찰하고는 그녀가 얼마나 기술적으로, 얼마나 빨리 떼는지를 보고 놀랐다.

"이렇게 잘하는 사람은 처음 봤다." 그가 말했다. "네가 와서 내 환자들 몸에서 거머리 떼는 것을 도와주면 좋으련만."

그는 소녀들에게 거머리가 유리그릇에 반정도 차면 알려달라고 했다. 그리고 이제부터는 거머리가 필요할 때마다 소녀들에게 부탁하기로 했다.

집에 오는 길에 플로렌스와 베시는 클라라를 놀렸다. 그들은 클라라에게 "거머리 의사" "거머리 간호사"라고 했다. 그들도, 클라라도 그 이름이 우습다고 생각했다.

그녀는 놀림당하는 것을 싫어하지 않았다. 언니들도 그녀를 말괄량이라고 놀렸다. 클라라가 남자아이처럼 나무에 올라가고, 통나무를 타고, 강을 건너며, 뗏목을 타고, 짚더미에서 미끄럼타는 모습을 본 언니들은 놀랍다는 시능을 했지만, 속으로는 기뻐했다.
 온 가족이 기뻤다. 이제 클라라가 더 힘이 세어지고, 더 건강해지고, 더 예뻐졌기 때문이다.

6
수줍음 타는 소녀

1. 기숙사 학교로!

　1831년 9월 15일이 되었다. 그날은 클라라가 여름 내내 생각해 온 중요한 날이었다.

클라라는 그날을 기대했지만, 막상 당일이 되니 슬펐다. 일 년 동안 집을 떠나 있어야 하기 때문이었다. 그녀는 이제 겨우 열 살이었지만, 기숙사가 있는 학교로 가게 되었다.

그런 학교를 아카데미라고 부르기도 했다. 그곳은 여러

명의 선생님들이 있는 큰 학교였다. 이제 클라라는 크리스마스가 되어야 집을 방문할 수 있다. 지금부터 석 달을 떠나 있어야 한다. 그녀는 여태까지 단 하루도 가족을 떠나 있어본 적이 없었다.

아카데미는 클라라의 집과 같은 매사추세츠 주에 있었지만, 굉장히 멀어서 마차를 타고 하루를 가야 했는데 클라라는 혼자서 그 여행을 떠나야 했다. 어머니는 집에서 할 일이 있었고, 아버지와 데이비드는 농장을 떠날 수가 없는 계절이었다. 또 선생님인 언니 오빠들은 학교에서 일을 해야 했다.

평생 처음으로 클라라는 아무에게도 의지할 수가 없었다. 혼자서 모든 것을 해야만 했다. 그러므로 9월 15일이 되자 클라라는 갑자기 슬퍼졌다.

이제 아침 7시 15분 전이다. 그리고 15분만 더 있으면 마차가 도착한다. 클라라는 자기 방에 가서 가방을 들었고, 데이비드가 트렁크를 들어다 주었다. 나머지 가족들은 포치에서 기다리고 있었다.

"집을 떠나기에는 너무 어려요." 캡틴이 마음이 놓이지 않는다는 듯이 말했다.

"어쩔 수 없어요." 그의 아내가 단호하게 말했다. "클라라는 이 동네 학교에서는 따라가지를 못하니까요."

"엄마! 어떻게 그런 말씀을 하세요?" 도로시가 말했다. "클라라는 점수가 뛰어나요. 같은 나이의 다른 아이들보다 두 학년은 앞서있는 걸요."

"그래요!" 샐리가 말했다. "클라라는 세 살 때 책을 읽었고, 네 살 때 공부를 시작했어요. 더 이상 어떻게 더 잘하기를 바라세요?"

"나도 안다." 바튼 부인이 말했다. "너희들 말이 맞아. 하지만 올해 무슨 일이 있었는지 아니? 내가 얘기를 안 했다만, 클라라가 낯선 사람들 앞에서 얼마나 수줍음을 타는지 너희도 잘 알잖니?"

모두 고개를 끄덕였다. 그들은 바튼 부인이 하는 말을 열심히 들었다.

"수줍음을 이겨내기를 바랬는데, 올해는 더 심해졌어. 그래서 클라라 선생님이 몇 번이나 집에 찾아 오셔서 함께 의논했지. 선생님은 어떻게 해야 할지 방법을 모르겠다고 하셨어."

"수업시간에 뭘 물어도 거의 반은 대답하지 않는다고 말이다." 캡틴 바튼이 말했다. "마치 답을 모르는 것처럼 고개를 흔들기만 한다는구나."

"선생님은 클라라가 가엾다고 생각하셔. 읽기를 시키면 얼굴이 빨개져서 더듬거린다는구나." 바튼 부인이 덧붙였다. "그리고 우리에게 어떻게 하면 좋겠냐고 물으셨어."

"어머나, 저런!" 샐리가 말했다. "그렇게 책을 잘 읽는 아이가! 저와 있을 때는 더듬거나 얼굴을 붉히지 않아요!"

"맞춤법은요?" 스티븐이 물었다. "저와 함께 공부할 때는 한 개도 틀리지 않고 잘했거든요."

"맞춤법을 너무 많이 틀려서, 다른 아이들이 맞춤법 경시대회 때 클라라와 함께하기를 싫어한다는구나." 캡틴이 대답했다.

"클라라가 잘하는 건 쓰기 밖에 없어." 바튼 부인이 말했다. "쓰는 시험은 모두 다 백 점을 맞았어."

"그렇다면 공부를 못하는 게 아니에요." 도로시가 말했다. "잘 쓴다는 것은 배운 것을 모두 다 이해했다는 뜻이죠."

"하지만 그건 실패한 거야." 어머니가 말했다. "살면서 모든 것을 쓰기만 할 수는 없지 않니?"

"자기 생각을 잘 쓰는 사람은 많지 않아요." 스티븐이 반박했다.

"자기 생각을 말로 표현하지 못한다면, 이 세상에서 살아가기 어려워." 바튼 부인이 대응했다.

"선생님은 클라라를 이 아카데미에 보내라고 제안하셨어." 캡틴이 설명했다. "클라라가 집을 떠나 낯선 사람들 사이에 있으면 어떻게든 말을 할 거라고 하셨어."

"기숙사 학교에 가면 어떻게든 말을 해야겠죠." 샐리가 말했다. "저도 그래야 했어요. 제 생각을 제대로 표현하지 못하면 다른 아이들이 완전히 무시해버리니까요. 하지만, 클라라는 아직 너무 어려요."

"나도 똑같은 경험을 했어." 도로시가 말했다. "정말이지 똑똑하게 대응하지 않으면, 다른 아이들이 나를 완전히 가지고 논다니까."

"쉬---!" 스티븐이 말했다. "저기 온다. 겁주는 말을 해서는 안 되지. 여름 내내 오늘이 오기만 기다렸으니까. 그리고 어쩌면 기숙사 학교가 딱 맞을지도 모르잖아."

데이비드가 클라라의 작은 트렁크를 어깨에 메고 아래

층으로 내려왔다. 클라라가 그 뒤를 따라 포치로 나왔다. 새빨간 코트에 새빨간 모자를 썼다. 마치 그림처럼 예뻤다. 까만 눈이 흥분으로 반짝거렸다.

 클라라는 이제 대모험을 시작하려는 순간이었다. 트렁크에는 새 옷이 가득 들어 있었다. 특별히 그녀가 좋아하는 모직 치마 네 벌이 있었다. 파랑, 노랑, 빨강, 초록색 치마 모두 그녀가 좋아하는 옷이었다. 그녀는 그 드레스보다 더 예쁜 옷은 없다고 생각했다.

 마차가 도착할 시간이 되자, 나머지 가족들은 데이비드를 따라 길가로 갔다. 모두 명랑하게 보이려고 노력했다.

 "다른 소녀들을 겁내지 마라, 클라라." 어머니가 말했다. "네가 친구 하고 싶어한다는 것을 알면 그들도 너에게 잘해줄 거야. 아카데미에서 좋은 친구들을 만나기 바란다."

 "네가 누구보다 더 책을 잘 읽는다는 사실 잊지 마." 도로시가 말했다.

 "만일 거기에 말이 있으면 네가 얼마나 잘 타는지 다른 소녀들에게 보여 줘." 데이비드가 말했다.

"구구단도 완벽하게 외우잖아. 그러니까 발표할 때 마음 놓고 해." 스티븐이 말했다.

"새 치마 입고 수업에 가는 것도 좋지." 샐리가 조언을 했다.

네 마리 말이 끄는 마차가 길을 달려오고 있었다. 마차가 멈추자, 마부는 작은 트렁크를 마차 지붕 위에 얹고 묶었다. 모두 클라라를 안고 입을 맞추었다. 클라라가 마차 안에 들어가 앉자, 마부가 채찍을 휘둘렀다. 말들이 달리기 시작했다. 어린 소녀는 이제 모험의 길로 들어선 것이다.

마차에 타고 있던 다른 승객들이 클라라에게 미소를 지으며 말을 걸었다. 그러나 그녀가 거의 대답을 하지 않자, 가만히 내버려 두었다. 마차가 몹시 심하게 흔들렸기 때문에 어차피 대화를 나누기는 어려웠다.

2. 마차 타고 가는 길

말들은 울퉁불퉁한 길을 달려갔고, 심지어 경사진 길도 너무 가파르지 않으면 달려서 내려갔다. 언덕길을 올라갈 때만 말이 천천히 걸어갔다.

마차가 도착할 시간이 되자, 나머지 가족들은
데이비드를 따라 길가로 갔다.

두 시간마다 말을 교환했다. 그동안 승객들은 마차에서 나와서 걸으며 얘기를 했다. 클라라도 매번 밖에 나왔지만, 너무 부끄러워 아무하고도 얘기하지 않았다. 그녀는 혼자 서 있기만 했다.

정오가 되자 마차가 여관 앞에서 멈추었다. 그곳은 오래된 아름다운 돌집으로 담쟁이넝쿨이 온 집을 덮고 있었다. 그곳은 항상 승객들이 멈춰서 식사를 하는 곳이었다.

승객들은 클라라에게 같은 식탁에서 먹자고 했으나, 클라라는 거절했다. 그녀는 배고프지 않다고 말했지만, 사실은 배가 고팠다. 그녀는 일찍 아침을 먹었는데, 너무 흥분해서 제대로 먹지를 못했다.

아버지는 그녀에게 점심을 사 먹으라고 넉넉히 돈을 주었다. 그 돈은 지갑에 들어 있었다.

그녀는 그 큰 식당에 들어갈 수가 없었다. 그녀가 음식을 먹는 동안 모두 다 틀림없이 자기만 쳐다볼 것이기 때문이다. 그녀는 마당을 걷다가 마차에 들어가 앉아서 다른 승객들이 나올 때까지 기다렸다.

오후에는 승객들이 그녀에게 사과를 먹으라고 권했다.

그러나 너무 수줍어서 그것도 받지 못했다. 그 후에 또 누가 그녀에게 쿠키를 주었다. 그녀는 이제 너무 배가 고파서 그것을 받았다. 하지만 그것을 먹지는 않았다. 자기가 먹는 모습을 다른 승객들이 쳐다볼까 봐 겁이 났기 때문이었다.

마차는 어두워진 후에야 아카데미에 도착했다. 선생님인 그레이 양이 정문에서 기다리고 있었다.

그레이 양은 새로온 학생들을 어떻게 대해야 하는지 잘 알고 있었다. 새로온 학생은 대부분 처음에 부끄러워했다. 그녀는 침대가 한 개 있는 작은 침실로 클라라를 데리고 갔다.

"오늘 밤만 여기서 자고, 내일부터는 큰 방에서 다른 소녀들 세 명과 함께 잘 거야." 그녀가 설명했다. "각각 자기 침대가 있단다. 지금은 저녁 식사가 끝났으니까, 내가 이 방으로 저녁을 갖다주라고 할게."

그녀는 아침에 일어나는 벨 소리와 아침 식사 벨 소리에 대해서 알려주고 방에서 나갔다. 클라라는 방을 둘러보았다.

빨간 외투와 모자를 옷장에 걸었다. 맛있고 따스한 저녁 식사가 방으로 왔다. 방 안에는 아무도 보는 이가 없었기 때문에, 그것을 모두 먹었다.

멀리 떨어진 바튼 씨 집에서는 가족들이 거실에 앉아 있었다. 그들은 저녁 식사 도중 계속해서 클라라에 대해서 얘기를 했다. 다른 승객들이 그녀에게 친절하게 대해줬으면 하고 바랐다. 클라라가 그들에게 말을 했기를, 그리고 여관에서 점심을 잘 먹었기를 바랐다.

도로시는 여관에 걸려있는 조지 워싱턴 그림을 보라고 말을 했어야 했는데 그것을 잊어버렸다. 역사에 항상 관심이 많은 클라라가 그 그림을 보면 좋아했을 텐데…….

"말을 해 주었더라도……" 어머니가 말했다. "클라라는 너무 부끄러워서 그 그림을 보지 못했을 거야. 점심이라도 먹었을지 모르겠구나."

"혼자 하도록 내버려 두면 달라질 거예요." 스티븐이 말했다.

"그래야 할 텐데." 캡틴이 말했다. "우리가 너무 지나치게 클라라를 감싸주었나 봐. 너무 부끄러워서 남에게 말을 못할 정도가 됐으니."

모두 다 클라라가 기숙사 학교에 가서는 수줍음을 벗어

버리게 될 것이라고 기대를 했다.

그날 밤 기도할 때 가족들은 한 사람씩 그들이 사랑하는, 수줍음 많은 어린 클라라를 위해서 기도했다. 그들은 하나님께서 클라라에게 힘을 주셔서 어려움을 이겨낼 수 있게 해달라고 기도했다.

7
기숙사 학교

1. 친구들 사귀기

 다음 날 아침 기상 벨 소리를 듣자마자 클라라는 침대에서 벌떡 일어났다. 클라라는 이제 30분 동안 옷을 입어야 한다는 것을 잘 알고 있었다.

그녀는 무슨 옷을 입을지 결정할 수가 없었다. 트렁크를 열어 네 개의 새 치마를 놓고, 어느 것을 입을까 망설였다.

그러다가 마침내 전날 입고 왔던 헌 옷, 갈색 치마를 입기로 했다. 첫날부터 새 옷을 입고 가면 다른 소녀들이 자랑한다고 생각해서 그녀를 싫어할까 봐 걱정이 되었다. 그녀는 다른 소녀들이 모두 자기를 좋아하기를 바랐다.

 그녀는 새 룸메이트를 만나고 싶어 조바심이 났다. 새 친구가 세 명이나 생긴다니 정말 근사한 일이다. 네 명의 소녀들은 서로 모든 것을 터놓고 얘기할 것이다. 만일 어머니가 케이크를 보내주시면, 다른 소녀들과 나누어 먹을 것이다. 기숙사 학교는 정말 재미있는 경험이 될 것이다. 어쩌면 사촌들과 함께 지냈던 그 여름 만큼 재미있을지도 모르겠다.

 클라라가 이제부터 있을 좋은 일을 생각하고 있는데, 아침 식사 벨 소리가 울렸다. 그러나 그녀는 아직 옷도 안 입고 있었다. 어느 옷을 입을지 망설이는데 시간을 다 써버린 것이다. 그녀는 재빨리 검은 머리를 땋고 빨간 리본으로 묶었다. 그리고 헌 옷을 입었다.

 식당에 도착하니 다른 소녀들이 모두 와서 앉아 있었다. 물론 모두들 그녀를 쳐다보았다. 그녀는 새로 온 학생인데다가, 지각까지 한 것이다.

 클라라에게는 너무 큰 부담이었다. 그녀는 즉시 얼굴이 새빨개졌다. 그녀는 접시에서 눈을 떼지도 않았다.

"입을 두고 왜 말을 안 하지?" 소녀들이 속삭이며 낄낄거렸다.

다른 소녀들이 말을 걸려고 하면, 그녀는 응, 아니 라고만 대답했는데 그나마도 너무 작은 소리여서 아무도 듣지 못했다.

"입을 두고 왜 말을 안 하지?" 소녀들이 속삭이며 낄낄거렸다. 클라라는 그들이 자기를 보고 웃는다는 것을 알았다.

오전 쉬는 시간에 소녀들은 클라라에게 함께 게임을 하자고 했으나, 클라라는 거절했다. 그녀는 아무 이유도 말하지 않고 고개만 흔들었다.

한 소녀가 쿠키를 주었을 때도 받지 않았다. 또 다른 소녀가 사과를 주었을 때도 거절했다. 그날 오후 학교가 파한 뒤 몇몇 소녀들이 함께 산책하자고 하는 제안도 거절했다.
　거절을 당한 소녀들은 다른 소녀들에게 그 얘기를 했다. 그날 밤 아카데미의 학생들은 모두 클라라가 너무 잘난 체한다고 생각했다. 에디스가 주는 쿠키도, 에이미가 주는 사과도 거절했다. 그날 이후 소녀들은 클라라를 무시했다.
　그들은 클라라에게 아무것도 주지 않았다. 게임을 하거나 산책을 하자고 권하지도 않았다.
　가엾은 클라라! 그녀는 어떻게 해야 할지 몰랐다. 그녀는 자기가 부끄러워서 그런다고 말을 하기가 두려웠다. 그러면 자기를 이상한 아이라고 생각할 것이다. 그녀는 하루 종일, 날이면 날마다, 어찌할 바를 모르고 쩔쩔맸다.
　밤이 되면 상황은 더 곤란해졌다. 방을 함께 쓰는 룸메이트들마저 그녀를 깔보았다. 처음에는 그들도 친절하게 해주려고 클라라에게 부모님과 형제들에 대하여 물어보았다. 그러나 클라라는 아무 대답도 하지 않았다. 그들은 클라라의 가족에 대해서 아무것도 들을 수가 없었다.
　무엇보다 더한 것은 클라라가 자기 트렁크를 열려고 하지 않았던 것이다. 자기 옷을 보여주려고 하지 않았다. 소녀들은 클라라가 날마다 입는 옷 말고 또 어떤 옷이 있는지 없는지 알 수가 없었다. 처음에는 클라라에게 친절하게 해주려고 노력했던 그들이었으나, 곧 단념하고 클라라를 따돌렸다.

룸메이트들은 그들의 침대 세 개를 서로 바싹 붙여놓았다. 클라라 침대만 한 구석에 홀로 있었다. 잠자리에 들어가는 벨 소리가 울릴 때까지 나머지 세 명은 클라라에 대해서 소곤거리며 깔깔거렸다. 클라라는 울면서 잠자리에 들었다.

2. 대답 좀 해, 클라라

클라라는 알지 못했으나, 선생님들은 그 때문에 매우 상심했다. 그들은 클라라가 수업시간에 질문에 대답하게 하려고 많은 노력을 기울였으나, 클라라는 아무 말도 하지 않았다. 그녀는 고개만 흔들며 다른 사람들이 알아듣지 못할 소리로 뭐라고 중얼거릴 뿐이었다. 선생님들은 클라라가 수줍음 탄다는 사실을 알고, 질문할 때에 매우 조심했다. 우선 그들은 클라라가 네, 아니오로 대답할 수 있는 질문들을 했다. 그리고 두 번째 주가 되자 이제 클라라가 다른 학생들과 함께 소리 내어 외우기를 해야 한다고 생각했다. 그러나 클라라는 아무 말도 하지 않았다.

한 선생님은 클라라가 공부를 안 해서 대답을 못 한다고 생각했다. 다른 선생님은 클라라의 머리가 나쁘다고 생각했다. 세 번째 선생님은 클라라가 쓸데없이 고집을 피운다고 생각했다.

종이가 없었기 때문에 쓰는 숙제는 없었다. 그 당시 종이는 매우 비쌌고 얻기가 힘든 때였다. 모든 공부는 말로 했다.

상황은 바튼 부인이 염려한 대로 돌아갔다. "자기 생각을 말로 표현하지 못한다면, 이 세상에서 살아가기 어려워."

클라라는 하루하루가 어려웠다. 거기에 더해서 밥을 제대로 먹지않았다. 그레이 양은 교장에게 그 사실을 보고했다. 교장을 만나서 클라라가 점점 여위고 창백해지고 있다고 말했다.

교장인 스톤 씨는 염려되었다. 그는 클라라를 불러 왜 그러는지 물었다. "왜 식사 때 밥을 먹지 않니?" 클라라는 단지 배가 고프지 않다고 대답했고, 더 이상 설명하려고 하지 않았다. 그녀는 마음이 상해서 먹을 수가 없다고 말을 할 수가 없었다.

그렇게 말을 한다면, 그 이유가 무엇이냐고 물을 것이고, 그러면 다른 소녀들이 어떻게 행동했는지를 알게 될 것이다. 클라라는 그것을 밝히고 싶지 않았다.

그녀는 다른 소녀들을 탓하지 않았다. 정직하게 말하자면 그들의 잘못이 아니었다. 클라라는 가족들이 그리워서 마음이 아팠으나 그 얘기도 하지 않았다. 그러면 교장은 다른 소녀들 때문에 자기가 외로워서 그런 것으로 생각할 것이다. 그러나 그들의 잘못이 아니었다.

그러나 그것은 클라라가 잘못 짚은 것이다. 만일 스톤 씨가 그 사정을 알았더라면 클라라를 집에 다녀오게 했을 것이다. 그는 집을 그리워하는 소녀는 항상 집을 방문하고 오도록 해주었다.

클라라는 말없이 고통을 견디었다. 그녀는 가족들이 보고 싶어 죽을 것 같이 느껴졌다.

3. 금팔찌

클라라가 교장 선생님과 면담을 한 다음 날인 토요일은 해가 나고 따스했다. 이 10월의 어느 날 클라라 바튼은 아카데미 건물 앞에 있는 벤치에 혼자 앉아 있었다. 다른 소녀들은 끼리끼리 모여 있었다.

어떤 아이들은 벤치에 앉아서 웃으며 즐겁게 얘기를 나누고 있었다. 다른 소녀들은 서로 팔짱을 끼고 마당을 돌아다녔다. 몇몇 아이들은 서서 조잘거리고 있었다.

상급생 몇 명이 클라라에게 다가왔다. 그들은 상냥한 말투였으나, 클라라는 무슨 말인지 알아듣지 못했다. 그들이 자신에 대해서 말하고 있다는 것도 알지 못했다.

미니가 너무 크게 말하자 다른 소녀들이 쉬---! 라고 속삭였다.

"들으면 들으라지." 미니가 말했다. "저기 혼자 앉아 있는 꼴 좀 봐. 자기가 얼마나 잘났다고 생각하면 저럴까?"

"룸메이트들에게 자기 옷도 보여주지 않는대." 벨이 소곤거렸다.

"항상 트렁크를 꼭 잠가놓는다고 해." 케이트가 소곤거렸다.

어떻게든 그 안에 무엇이 들었는지 봐야겠어." 베시가 말했다. "다른 옷이 있기나 있는 걸까? 매일 같은 옷만 입고 다니잖아."

"심지어 일요일에도." 캐리가 말했다.

"뭣 때문에 그렇게 감추는 걸까?" 미니가 투덜거렸다. "옷이 하나만 있다면 그렇게 감출 리가 없어."

"누군가 그 트렁크를 열게 만들어야 해." 캐리가 속삭였다.

그들은 줄곧 고개를 끄덕였다. 그러자 베시는 클라라가 트렁크를 열게 만들 수 있다고 말했다. 소녀들이 주위에 모여들었다.

"내가 금팔찌를 빌려 준 척 하며 그걸 돌려달라고 할게. 그러면 어쩔 수 없이 자기 트렁크를 열어서 감춰놓지 않았다는 걸 증명해야 할 테니까."

"기발한 생각이야!" 미니가 감탄했다.

"쉬---!" 다른 소녀들이 다시 주의를 주었다.

그들은 계속해서 소곤 소곤거렸다. 그리고 클라라에게 다가왔다. 그러나 클라라 옆에 앉지도 않았다. 그들은 서서 미소를 짓거나 인사도 하지 않은 채 클라라를 내려다 보았다.

"클라라." 베시가 말을 꺼냈다. "내 팔지 언제 돌려줄 거야?"

클라라는 베시가 무슨 말을 하고 있는지 영문을 알 수가 없었다. "무, 무, 무슨 파, 팔찌?" 그녀가 더듬거렸다.

"내가 지난 토요일에 빌려준 팔찌 말이야."

클라라는 어이가 없었다. 그녀는 기분이 상했으나, 달리 할 말이 없었다.

"기억 안 나?" 베시가 계속 말했다.

클라라가 고개를 흔들었다. 그녀는 아무 팔찌도 기억나지 않았다.

베시가 다른 소녀들에게 몸을 돌렸다. "너희들은 기억하지, 안 그래? 너희들도 같이 있었잖아, 미니, 그리고 벨."

"그래." 미니가 끄덕거렸다. "난 기억나."

"나도 기억나." 벨이 끄덕거렸다.

클라라는 이제 종잇장처럼 얼굴이 하얘졌으나, 다른 소녀들은 눈치채지 못했다. 그녀는 다시 말하려고 했으나 소리가 나오지 않았다.

클라라는 고개를 흔들었다.

"그걸 어떻게 했어?" 케이트가 말했다. "네 트렁크를 베시에게 보여주지그래?"

"가자!" 베시가 말했다. "모두 가서 그 트렁크를 조사

해보자."

"그러자!" 다른 소녀들이 말했다.

그들은 곧 자신들의 장난이 너무 심했다는 사실을 깨달았다. 클라라가 땅바닥에 쓰러진 것이다. 그녀는 기절했다.

4. 처벌

세 명의 소녀들은 놀라서 선생님에게 달려갔다. 베시와 케이트는 클라라 옆에 남아 선생님이 오기 전에 그녀를 깨우려고 했다.

"난 절대로 날 용서할 수 없어." 베시가 말했다. "클라라가 그렇게 심하게 충격받을 줄은 정말 몰랐어."

"클라라가 영영 깨어나지 않으면 어떡하지?"

"그러면 나도 죽어버려야지."

바로 그때 구조대가 왔다. 선생님 세 명이 달려왔다. 그들은 어떻게 해야 하는지를 잘 알았고, 클라라는 다시 깨어났다.

그들은 클라라를 데리고 그녀가 처음 와서 잠을 잤던 작은 방으로 갔다. 그리고 그녀를 침대에 눕히자 곧 잠이 들었다.

친절한 그레이 양이 클라라 옆에 앉아서 잠이 들 때까지 기다렸다. 그동안 교장은 상급생 다섯 명을 사무실로 불러 무슨 일이 있었는지 물었다.

"모두 제 잘못이에요." 베시가 말을 꺼냈다. "제가 다른 아이들에게 그렇게 하자고 했어요."

"무엇을 말이냐?" 스톤 씨가 물었다.

"클라라를 겁주려고 했어요. 제가 그녀에게 금팔찌를 빌려준 척하며 돌려달라고 말했어요."

"클라라에게 없다는 걸 알면서 그걸 돌려달라고 했단 말이냐?"

"네, 그랬어요." 베시가 대답했다.

"저도 잘못했어요." 미니가 고백했다. "베시가 그걸 빌려준 것을 똑똑히 기억한다고 말했어요."

"저도 기억한다고 말했어요." 벨도 잘못을 인정했다. "클라라가 그렇게 충격받을 줄은 몰랐어요. 괴롭히려고 그런 건 아니었는데……."

"네, 괴롭히려고 그런 건 아니었어요." 케이트와 케리가 말했다.

스톤 씨는 몹시 화가 났다. 그는 날카로운 목소리로 케이트와 케리에게 그들은 무엇을 했는지 물었다.

"저는 클라라에게 그걸 트렁크에 넣어놓고 잊어버린 게 아니냐고 말했어요." 케리가 대답했다.

"그리고 저는 클라라가 베시에게 자기 트렁크를 보여줘

클라라가 땅바닥에 쓰러진 것이다. 그녀는 기절했다.

야 한다고 말했어요." 케이트가 대답했다.

"그래서 어떻게 되었니?" 스톤 씨가 물었다.

"제가 이제 가자고 말하며 그녀의 방으로 가려는 척했어요." 베시가 말했다.

"너희들, 진짜로 클라라의 허락 없이 그 트렁크를 열어

보려고 했니?" 스톤 씨가 물었다.

"아니요! 아니요!" 소녀들이 소리쳤다.

"너희들, 클라라에게 겁을 줘서 트렁크를 열게 하려 했구나? 그러냐, 베시?"

"네. 하지만 클라라가 기절하리라고는 상상도 못 했어요. 그녀가 트렁크 안에 뭘 가졌는지 궁금했던 것 뿐이에요. 그녀를 괴롭히려는 마음은 없었어요."

"만일 클라라가 트렁크를 열어서 보여주고, 그 안에 다른 옷이 한 벌도 없었다면 너희 기분이 좋았겠니?"

소녀들은 말이 없었다. 모두 다 바닥만 내려다보고 있었다. 이제 장난이 조금도 재미있게 느껴지지 않았다.

"그레이 양, 얘기해 주세요." 교장이 말했다.

"클라라에게는 아주 예쁜 모직 치마가 네 벌 있어." 그레이 양이 말했다. "모두 새 옷이고 고급 옷들이지. 클라라는 그 옷을 입으면 너희들이 쳐다볼까 봐 부끄러워서 못 입고 있었어."

"어머나!" 소녀들이 소리를 냈다.

"그런 생각을 하다니!" 다른 아이도 말했다. 모두 다 놀라서 어안이 벙벙했다.

"얘들아." 스톤 씨가 무섭게 말했다. "너희들은 클라라에게 도둑질했다고 덮어씌운 거야."

"아녜요! 아녜요! 그럴 생각은 없었어요! 클라라가 도둑질할 아이가 아니란 건 알고 있었어요." 소녀들이 소리쳤다. "다만 클라라 트렁크에 뭐가 있나 보려고 장난을 친 것 뿐이에요." 모두 한꺼번에 말했다. 이제 그들은 몹시 겁에 질렸다.

"다른 사람에게 죄를 덮어씌우는 것은 상당히 나쁜 짓이야." 스톤 씨가 엄격하게 말했다. "클라라의 아버지가 아시면, 너희들을 단단히 혼내 줄 수도 있어. 그런다고 해도 조금도 지나친 게 아니다."

이제 소녀들은 흐느껴 울기 시작했다. 스톤 씨의 훈계는 아직 끝나지 않았다.

"너희 각자가 클라라에게 가서 사과해라." 그가 말했다. "한 사람씩 클라라 방에 가서 말이다. 그레이 양이 그 방에 함께 계실 거다.

그리고 나서 너희들은 방으로 돌아간 뒤 오늘 밤, 그리고 일요일 하루 종일 나오지 마라. 이틀 동안 다른 소녀들이 너희를 만나러 올 수도 없다. 서로 만나서도 안 되고.

식사는 너희 방으로 갖다 주겠다.

　너희가 방에 혼자 있으면서 그 수줍은 어린 소녀에게 얼마나 잔인한 장난을 하려고 했는지 깨닫기를 바란다."

　그 소녀들은 교장실을 나와서 한 사람씩 클라라를 보러 갔다. 그리고 각자 자기 방으로 돌아갔다.

　사흘 후 스티븐과 데이비드가 클라라를 데리러 왔다. 스톤 씨가 바튼 씨에게 편지를 썼던 것이다. 클라라가 잘 지내지 못하고 있으며 집으로 돌아가야 한다고 했다. 클라라가 떠날 채비를 하는 동안 스톤 씨는 클라라의 오빠들에게 팔찌 사건에 대해서 얘기를 해주었다.

　"기숙사 학교는 클라라에게 맞지 않습니다." 스티븐이 말했다.

　"다른 사람들과 잘 어울릴 수 있을 때까지는 말이죠." 스톤 씨가 대답했다.

8
모두들 깜짝 놀라다

1. 다시 집으로

　가족들은 클라라에게 아무 말도 하지 않았으나, 그렇게 금방 아카데미를 떠난 것에 대해서 모두 실망했다. 그들은 클라라가 과연 수줍음을 벗어나기나 할 것인지 의문이었다. 클라라 평생 수줍음 때문에 고생하지 않을까 염려되기 시작했다.

　그러나 지금은 무엇보다도 클라라의 건강이 문제였다. 가족들은 어떻게든 클라라가 먼저 건강을 회복해야 한다

고 생각했다. 학교 공부는 그다음으로 미루어도 된다. 클라라가 그렇게 여위고 창백한 모습을 보자 모두들 마음이 슬펐다. 그들은 클라라가 곧 아카데미로 가기 전처럼 명랑하고, 눈빛이 총명한 어린 소녀로 돌아오기를 바랐다.

클라라가 비스킷빵을 만들며 그 외에도 여러
가지 일을 하도록 해주었다.

언니들은 클라라가 농장에서 외롭지 않을까 염려했다. 그 지역의 아이들은 모두 학교에 갔다. 클라라의 제일 친한 친구 수지 화이트는 토요일이면 가끔 클라라를 보러 오곤 했지만 수지는 집에서 해야 할 일이 많았다.

일주일 정도 지나자 클라라는 다시 바빠졌다. 어머니

는 클라라에게 접시를 닦고 식탁을 치우라고 했다. 클라라가 감자를 깎고 사과를 자르고 옥수수빵 반죽을 휘젓고 비스킷빵을 만들며 그 외에도 여러 가지 일을 하도록 해 주었다.

바튼 부인은 클라라가 집 밖의 일도 돕도록 했다. 나가서 닭에게 모이를 주고, 달걀을 모아오고, 땔감 나뭇가지를 줍고 심부름을 하게 했다.

어느 날 클라라는 소젖을 짜게 해달라고 아버지에게 조르고 있었다. 곧 그녀는 매일 소젖을 짰고, 그 일을 즐거워했다. 얼마 가지 않아 그녀는 오빠들처럼 솜씨 좋게 소젖을 짤 수 있게 되었다.

데이비드는 날씨가 추울 때면 클라라를 데리고 썰매를 타러 갔고, 날이 맑을 때는 함께 말을 탔다. 이제 클라라는 경사진 언덕 위로 썰매를 끌고 올라갈 수 있었고, 혼자 힘으로 말에 올라탈 수도 있게 되었다.

"오빠가 너와 씨름 하기가 겁이 나는걸." 어느 날 데이비드가 말했다. "오빠를 내동댕이쳐버릴 것 같아."

클라라가 웃었다. 오빠가 자기를 놀린다는 것을 알았지만, 그런 말을 들으니 기분이 좋았다.

2. 급작스런 사고

어느 토요일 아침 바튼 농장에는 특별한 사건이 일어났다. 이웃 사람들이 가득 모여 있었다. 그들은 좋은 이웃이었다. 왜냐하면 새 헛간 짓는 일을 도우러 왔기 때문이다. 기초부터 지붕까지 모두 직접 지어야 했지만 그들은 기꺼이 도와주고 싶어했다. 그들이 헛간을 지을 때도 바튼 씨와 두 아들이 가서 도와주었었다.

무거운 기둥과 목재를 들어 올려 제자리에 놓으려면 남자들 몇 명이 힘을 합해야 했다. 기초를 놓는 통나무도 몹시 무거웠다. 여러 사람이 함께 힘을 합하니 일이 빠르게 진행되었다. 정오가 되자 기초가 놓였고, 중앙 기둥과 가장자리 기둥이 제자리에 세워졌다. 드디어 대들보를 들어 올려 못을 박았다.

바튼 부인은 그들을 위해서 성대한 점심을 마련했다. 도로시와 샐리는 접시에 튀긴 닭고기, 구운 콩, 양배추, 으깬 감자, 뜨거운 빵을 담았다.

클라라는 커피와 우유를 컵에 따랐다. 그리고 나서 흰색 케이크, 초콜릿 케이크와 세 가지 종류의 파이를 나누었다.

　점심 식사 후 일꾼들은 휴식을 취했다. 그러는 동안 대화를 나누며 웃으며 농담을 했다. 헛간을 지으려고 모일 때면 모두 다 즐거워했다.

　젊은 청년들은 음식을 한 번씩 더 덜어 먹었다. 그중 한 명이 장난삼아 데이비드에게 대들보에 매달려 보라고 했다. 친구들은 모두 데이비드가 그렇게 할 수 있을 거로 생각했다.

　운동 잘하는 데이비드는 도전을 해보기로 했다. 그는 항상 힘겨루기 게임에서 상을 받았었다. 그는 가장자리 기둥을 타고 올라가기 시작했다. 점점 더 높이 올라갔다. 그리고 대들보에 다다랐다.

　그 대들보 옆에는 널빤지가 놓여 있었다. 데이비드는 그것을 밟고서 대들보에 매달리려고 했다.

　그때 멀쩡하던 널빤지가 땅에 떨어지며 데이비드도 떨어졌다. 그는 무거운 통나무에 머리를 부딪쳤다. 그리고 꼼짝하지 않고 쓰러져 있었다. 모두 다 그가 죽었다고 생각했다. 그러나 가까이 가보니 숨을 쉬고 있었다. 그들은 데이비드를 가만히 들어서 집으로 메고 갔다.

의사 와드 씨가 왔다. 반 시간이 지났으나 그는 여전히 데이비드 방에서 나오지 않았다. 바튼 부부도 거기에 있었고 문은 닫혀 있었다.

스티븐, 샐리, 도로시, 클라라는 이웃들과 함께 일 층에서 기다렸다. 모두들 심각한 표정이었다. 사람들은 아무 말도 하지 않거나, 작은 소리로 속삭였다. 클라라는 조용히 울고 있었다.

샐리는 어린 여동생을 끌어안았고, 도로시는 손을 잡아

그때 멀쩡하던 널빤지가 땅에

주었다. 모두 다 와드 선생님이 데이비드의 방에서 나올 때까지 초조하게 기다리고 있었다.

3. 갑자기 변한 클라라

와드 씨가 계단을 내려올 때까지 마치 몇 시간이 지난 것처럼 느껴졌다. 그는 데이비드가 살 수 있다고 말했다. 뼈가 부러진 것은 없었다. 열이 있지만, 며칠 지나면 없어질 것이라고 했다.

떨어지며 데이비드도 떨어졌다.

그들은 열이 날 때 의사가 어떻게 하는지 알고 있었다. 의사는 말 안장에 달린 가방에서 거머리 병을 가져다가 데이비드 방으로 가져오라고 부탁했다.

그 때 클라라가 이상한 행동을 했다. 의사에게 잠깐 기다리시라고 하며 사람들 사이를 헤치고 한 걸음 나왔다.

그녀는 사람들 사이를 헤치고 이 층으로 올라갔다.

그녀의 수줍음은 온데간데없이 사라졌다. 그녀는 힘 있고 또랑또랑한 목소리로 말했다.

"저는 거머리를 다루는 법을 잘 알아요. 제가 도와드리고 싶어요." 클라라가 말했다. "선생님이 매일 데이비드를 보러 오실 수는 없잖아요."

사람들은 클라라가 말하는 것을 듣고 귀를 의심했다. 모두 다 클라라가 수줍고 겁많은 소녀임을 알고 있었다. 그런데 지금 클라라는 다른 사람이 되었다. 얼굴을 붉히지도, 말을 더듬지도, 말하다가 목이 메지도 않았다.

와드 씨도 다른 사람들 못지않게 놀랐다. 그도 클라라가 얼마나 수줍음을 타는지 알고 있었다. 팔찌 사건 얘기도 들었었다. 그는 어떻게 대답해야 할지 몰랐다.

아무런 대답이 없자 클라라는 의사 선생님이 거절할 것으로 생각하고 조르기 시작했다. "저는 거머리를 떼어 내는 방법을 알아요, 선생님. 제가 연못에서 사촌들과 함께 거머리 떼는 걸 보셨잖아요. 제가 누구보다 더 잘한다고 말씀하셨잖아요. 기억 안 나세요?"

"물론 기억하지. 네가 아주 잘했어." 의사가 말했다.

클라라는 기다리지 않고 계속 말했다. "선생님, 제가 하도록 허락해주세요. 제발!"

"하지만… 하지만…" 그 착한 의사는 무슨 말을 해야 할지 몰랐다. 이 어린아이가 진정 제대로 일을 해낼 것인가?

그때 의사는 클라라의 눈을 쳐다보더니 마음을 먹었다. 그녀에게는 확신이 있었다. 무서워서 도망갈 아이가 아니었다.

"좋아, 클라라." 그가 말했다. "네가 해도 되겠어. 네 부모님께 말씀을 드리자. 이리 온."

클라라는 의사를 따라 이 층에 있는 데이비드의 방으로 들어갔다. 그리고 문을 닫았다.

도로시와 샐리는 서로 쳐다보며 놀라서 입을 벌렸다. 무서워서 말소리도 크게 내지 못하던 어린 소녀가 당당하게 말하는 것을 두 귀로 똑똑히 들은 것이다.

다시 일하러 가던 이웃 사람들도 가는 길에 클라라에 대해서 얘기했다.

"내 딸아이는 거머리를 만지려고도 안 할 텐데." 한 사람이 말했다.

"내 딸도 물론이지." 다른 사람이 말했다.

"그 미끌미끌한 것은 나도 손대고 싶지 않아." 세 번째 사람이 말했다.

"그럼! 나도 그래!" 다른 사람이 말했다.

4. 힘을 얻은 클라라

나중에 바튼 부인이 거실로 내려왔다. 어머니는 클라라가 거머리를 다루는 일을 하도록 아버지와 함께 허락했다고 말했다.

그러나 두 딸과 스티븐은 이에 찬성하지 않았다. 그들은 클라라가 그런 일을 하기에는 너무 어리다고 말했다. 그녀는 열한 살도 채 안 되었다.

"거절할 수가 없었다." 바튼 씨가 말했다.

"거절을 못한다구요?" 자녀들이 말했다.

"어찌나 강하게 조르던지. 너무나 열성적으로 데이비드를 간호하고 싶어해서, 만일 거절하면 아파 드러누울 것 같았어."

"그냥 호기심으로 그러는 것 아니에요?" 샐리가 물었다.

"아니야. 호기심이 절대로 아니야. 마음에서 진정으로 우러나오는 열성이었어."

"우리가 드린 기도에 대한 응답인지도 모르겠어요." 도로시가 말했다.

"클라라는 데이비드를 너무도 돕고 싶어서 자기 자신에 대해서는 완전히 잊어버린 것 같아." 바튼 부인이 말했다.

"클라라가 자신과의 싸움에서 이겨낼 힘을 주시라고 기도했잖아요." 도로시가 말했다.

"그래. 하지만 자기 자신과의 싸움이지, 다른 사람과의 싸움을 얘기한 건 아니잖아." 샐리가 말했다.

"다른 사람을 위해서 싸울 힘을 얻은 거야. 그래서 클라라가 이제 다른 사람이 된 거지." 어머니가 말했다.

9
거머리 간호사, 거머리 의사

한 달 이상 지났다. 클라라는 크리스마스 날 열한 번째 생일을 맞았으나, 생일 파티는 없었다. 크리스마스트리도 없었다. 데이비드가 여전히 열병을 앓고 있었다.

가족들 모두 그를 간호했다. 클라라는 "거머리 간호사"였다. 데이비드는 클라라 말고는 아무도 그 일을 하도록 허락하지 않았다. 다른 사람이 하면 아프다고 말했다.

클라라는 기뻤다. 그녀의 손가락은 점점 더 능숙해졌고, 경험을 쌓으면서 점점 더 부드럽게 할 수 있었다. 그녀는 아픈 오빠에게 전적으로 헌신했다. 그녀는 무엇을 해야 하는지를 잘 아는 것 같았다.

하루에도 열두 번 이상 오빠의 이마에 차가운 수건을 올려놓았다. 그가 열이 나서 펄펄 끓을 때면 찬물로 그의 얼굴과 손을 씻겨 주었다.

때때로 그가 조용히 쉴 때 클라라는 책을 읽어주었다. 데이비드는 클라라의 목소리를 들으면 위로가 된다고 했다. 어느 날 그는 미소를 지으며 자기가 마치 애완용 개패치 같다고 말했다. 오빠가 낮잠을 잘 때 클라라는 침대 옆에 앉아 있었고, 그가 아파서 신음할 때는 옆에서 위로를 해주었다.

그녀는 집에서 나갈 마음이 없었으나, 어머니가 그녀를 내보냈다.

"넌 신선한 공기를 마시고 운동을 해야 해." 그녀가 말했다. "매일 적어도 두 시간은 밖에서 보내야 한다."

"하지만 데이비드가 저를 찾을지도 몰라요."

"우리가 돌봐 줄게." 어머니가 단호하게 말했다. "네가 나가기 전에 거머리를 확인해놓고 나가거라."

"엄마, 데이비드는 제가 항상 옆에 있기 원해요. 제가 있을 때 오빠가 잠을 더 잘 자요."

"엄마도 알아. 하지만 잘못하면 네 몸이 상하게 될 거야. 그러면 우리 집에는 환자가 두 명 있게 되지. 아빠와 나는 네가 밖에 나가서 바람을 쐬야 한다고 생각한다."

그 이후 이웃 사람들은 클라라 바튼이 날마다 말을 타거나 산책하는 모습을 보았다. "저기 어린 간호사가 지나가는구나." 그들은 자녀들에게 이렇게 얘기했다.

언덕 위, 골짜기 아래에서 아이들이 문간이나 창문에서 클라라 바튼이 지나가는 것을 보았다. 그들은 모두 그 어린 간호사를 보고 싶어했다.

일 년이 지났고, 클라라는 열두 살이 넘었으나, 오빠는 여전히 아파서 누워 있었고, 그녀는 계속해서 오빠를 간호했다. 그녀는 여전히 거머리를 붙였다가 떼곤 했다. 아프지 않게 거머리를 뗄 수 있는 사람은 그녀밖에 없었다. 그녀는 계속해서 책을 읽어주고, 아픈 이마에 차가운 수건을 얹어주었다. 그가 낮잠 자는 동안에는 침대 옆에 앉아 있었다.

부모는 클라라가 날마다 운동을 하는지 확인을 했다. 날씨가 적당한 날이면 그녀는 말을 탔다. 이제 그녀에게는 좋은 말이 생겼다. 아버지가 크리스마스 선물이자 열두 번째 생일 선물로 주신 말이었다. 그것은 다리가 가느다란 아름다운 말이었다. 그것은 차분하지 못하고 마구 날뛰는 말이었으나 클라라는 겁내지 않았다.

그녀는 말에 대해서 잘 알았고, 채찍 없이도 말을 잘 다루는 법을 알았다. 그녀는 말을 빨리 몰았다. 언니들과 경주를 하면 늘 클라라가 이겼다.

스티븐은 클라라가 안장에 앉은 것은 마치 흔들의자에 앉은 것처럼 편안하게 보인다고 말했다.

"정말 흔들의자처럼 편해." 클라라가 말했다.

"나도 그랬으면 좋겠어." 샐리가 웃었다.

"나도." 도로시도 웃었다.

"말해봐야 소용없어." 스티븐이 말했다. "클라라 만큼 말을 잘 타는 사람이 없으니까.

가족들 중 아무도 아니라고 하는 사람이 없었다. 모두 다 클라라가 말을 잘 탄다고 자랑을 했다.

또다시 일 년이 지났다. 데이비드는 여전히 아파서 누워 있었다. 이제 열세 살이 된 간호사, 클라라는 여전히 거머리를 담당했다. 와드 씨는 매주 왕진을 왔다.

그것은 차분하지 못하고 마구 날뛰는 말이었으나 클라라는 겁내지 않았다.

데이비드의 상태에 모두 다 낙담이 되었다. 그들은 데이비드가 영영 일어나지 못할까 봐 걱정이 되었다.

그럴 즈음 의사 선생님은 병자들이 증기 목욕을 하고 낫는다는 말을 들었다. 그는 데이비드를 그곳으로 데려가라고 제안했다. 증기 목욕을 하자 곧 데이비드는 회복되었다. 그는 건강한 몸으로 집에 돌아왔다. 온 가족이 기쁨에 넘쳤다.

그리고 세 명의 선생님은 클라라를 떠맡았다. 그들은 클라라가 고등학교에 들어가야 하며, 그러기 위해서 그들이 준비를 시켜주겠다고 말했다. 그녀는 집에 있으면서 데이비드를 간호했던 2년 동안 놓친 공부를 보충해야 했다.

그녀가 해낼 수 있을까? 옥스포드 마을에 있는 고등학교 입학시험에 통과할 수 있을까? 선생님들은 그녀가 할 수 있다고 말했다. 수지 화이트는 클라라가 아무리 오래 학교를 떠나 있었더라도 틀림없이 시험에 통과할 수 있다고 확신했다.

클라라에게는 세 명의 선생님이 있었다. 그리고 그녀는 영리한 학생이었다. 그녀는 일단 무슨 일을 시작하면 그것을 완수할 때까지 절대로 포기하지 않는 성격이었다. 그것이 새로운 종류의 게임이든, 처음 보는 산수 문제이든, 상관없었다. 클라라는 절대로 포기하지 않았다. 그녀는 끈질기게 계속 노력했다.

10
두 명의 클라라

1. 오빠가 걱정하면 안 된다

 클라라는 옥스포드 고등학교 입시에 우수한 성적으로 통과했다. 한동안 그녀는 행복했다. 그러다가 그녀는 우울해지기 시작했다. 그녀는 먹을 수가 없었다. 누군가가 갑자기 말을 걸면 마치 놀란 토끼처럼 더럭 겁을 내곤 했다. 그녀는 무언가를 무서워하는 것 같았다.

학교 시작하기 전날 클라라는 일찍 잠자리에 들었다. 바튼 부인은 이 층 침실로 클라라를 따라 올라가서 침대 옆

에 앉았다.

"무슨 문제가 있니? 무슨 일이니, 얘야?" 그녀가 물었다.
"엄마에게 얘기해 봐."

클라라는 학교에 가기가 무섭다고 고백했다. 그녀는 학교에서 어떻게 행동해야 할지를 몰랐다. 다른 학생들이 자기를 보고 웃을까 봐 겁이 난다고 말했다.

바튼 부인은 낙담이 되었다. 오빠를 열심히 간호하던 용감한 소녀는 어디로 갔나? 데이비드를 위해서라면 아무것도 겁내지 않던 그 대단한 소녀는 어떻게 되었나?

클라라는 오빠를 위해 학교에서 친구들과 노는 것, 공부, 파티를 모두 내려놓았었다. 지난 2년 동안 그녀는 자신에 대해서는 거의 생각도 하지 않았다. 그녀는 침착하고 냉정하고도 사려 깊은 소녀였다. 그랬던 그녀가 또다시 수줍고 겁많은 아이가 된다고는 상상할 수 없었다.

그러나 지금 그녀는 다시 부끄럼을 타고 겁을 내는 클라라가 되었다. 그 용감했던 클라라는 사라지고 없었다. '전보다도 더 심해진 것 같아.' 바튼 부인이 속으로 생각했다. '정말 어떻게 해야 할지를 모르겠군.'

갑자기 바튼 부인에게 아이디어가 떠올랐다! 클라라에

게 몹시 겁을 주면 용감한 클라라가 다시 살아날지도 모른다. 어머니는 이제까지 클라라에게 감추어왔던 비밀을 털어놓을 작정을 했다. 그것은 데이비드에 관한 것인데, 그동안은 클라라가 마음이 아플까 봐 걱정이 되어 비밀로 해두었던 얘기였다.

데이비드는 클라라에게 미안해서 집을 떠나겠다고 말했었다. 클라라가 또다시 그렇게 수줍고 겁이 많은 소녀가 된 것을 견딜 수 없다고 말했다. 그것이 모두 자신 때문이라고 생각하고 괴로워했다. 가족들은 그 말을 클라라에게 하지 말라고 했다.

"클라라를 2년 동안 붙잡아놓고 환자 옆에만 있게 했어요." 데이비드가 부모에게 말했다. "클라라가 학교에 가서 친구들하고 놀며 재미있게 지내야 했는데, 제 옆에만 있어 달라고 간청했어요."

그뿐 아니라 클라라는 그동안 별로 자라지도 않았다. 그것도 데이비드의 마음을 아프게 했다. 그녀는 열한 살 때보다 키가 조금도 더 자라지 않았던 것이다. 데이비드는 자기 이기심 때문에 클라라의 건강을 희생시켰다고 생각했다.

그것만이 아니었다. 데이비드는 나중에 클라라가 자기를 탓할까 봐 걱정이 되었다. 그러니 차라리 지금 자기가 집을 떠나는 것이 낫겠다고 생각했다.

그의 부모, 형, 자매들은 그렇지 않다고 하며 그를 설득하려 했다. 그들은 데이비드의 잘못이 아니라고 말했다. 클라라가 데이비드를 돌보겠다고 스스로 결심한 것이다. 그러나 데이비드는 그들의 말을 들으려고 하지 않았다. 상황이 이렇게 되니 가족들은 오늘이라도 데이비드가 집을 떠나는 게 아닌가 불안해했다.

이 모든 것들이 어머니 머릿속에 번쩍 떠올랐다. 그리고 클라라에게 단도직입적으로 말했다. "만일 네가 내일 당장 학교에 가지 않으면, 너 때문에 데이비드가 집을 떠나버릴 거야."

"뭐라고요?"

어머니는 클라라에게 데이비드가 갖고 있는 부담에 대해 모두 다 말해주었다. 어머니의 말을 듣는 동안 클라라는 내내 흐느껴 울었다. 어머니는 일어서는 순간까지 클라라의 마음을 아프게 하는 말을 했다.

"만일 네가 학교에 안 가면, 오빠가 집을 떠날지도 모른다. 우리 모두 그게 걱정이야."

그 방법은 과연 효과가 있었다. 다음 날 아침 클라라는 아침식사를 하러 내려왔다. 노란색 모직 치마를 입었고, 땋은 머리에 노란색 리본을 매었다. 아버지는 그녀가 노란색 카나리아 같다고 말했다. 데이비드는 클라라의 모습을 보고 얼굴이 환해졌다.

그녀는 학교가 무섭다는 말을 한마디도 하지 않았다. 그녀는 다른 사람이 되었다. 이제 클라라 바튼은 다시 용감한 소녀가 되었다.

가족들은 클라라의 마음을 이해했다. 그녀는 자신을 돌보지 않고 오직 오빠가 낫기만을 바랬었다. 그리고 이제는 클라라가 학교생활을 잘해낼 수 있을 거라며 모두 안심을 했다.

2. 옥스포드 고등학교

옥스포드의 고등학교는 바튼 집 농장에서 2킬로미터 떨어진 거리에 있었다. 클라라는 아침마다 말을 타고 갔으나, 학교까지 타고 가지는 않았다. 도중에 화이트 농장에 내려서 자기 말, 스타를 묶어두고, 수지와 함께 걸어갔다.

하고 싶은 말이 많이 있었다. 공부, 게임, 페이스 템플이 입고 온 새 옷, 에마 레인의 파티, 지난 금요일에 있었던 맞춤법 경시대회, 메리 브라운이 매일 가져오는 피클 등 등, 이야기 주제가 열두 가지도 더 되었다.

클라라는 모든 것에 다 흥미를 보였고, 모든 활동에 다 참여했다. 그녀는 이제 혼자서 벤치에 앉아 있지 않았다. 그녀는 학교의 파티와 소풍이 참석했다. 친구들을 집으로 초대했다. 학교 친구들과 함께 어울리는 것이 재미있었다.

친구들은 클라라에게 비밀을 털어놓았다. 페이스는 자기 어머니에게 드릴 크리스마스 선물에 대해서 얘기했다. 에마는 언니가 갖고 싶어하는 새 코트에 대해서 얘기했다. 홉은 클라라의 사촌인 신시아에게 깜짝 파티를 해주고 싶으니까 당분간 아무에게도 말하지 말라고 했다. 클라라는 좋은 친구였고 비밀을 지켜주었다.

사무엘 템플은 여동생 페이스에게 줄 생일선물을 직접 만들었다고 하며 보여주었다. 복숭아씨를 깎아서 만든 자그마한 바구니였다.

홉의 오빠 존은 클라라에게 지난주에 왜 스케이트 대회

에 나갈 수 없었는지를 말했다. 그의 낡은 스케이트가 부러졌고, 아버지는 새 스케이트를 사줄 돈이 없었다. 존은 클라라에게 아무에게도 그것을 얘기하면 안 된다고 신신당부했다. 그 누구도 클라라에게서 비밀을 밝혀낼 수 없었다. 존은 아버지에 대해서 절대로 서운한 마음이 없다고 말했다. 클라라도 자기 아버지에 대해서 같은 마음이었다.

때때로 그녀는 아카데미의 룸메이트들이 그녀의 뒷전에서 소곤거리던 모습을 생각했다. 이제 그녀는 다른 사람이 되었다. 이제 다시는 수줍음 타는 연약한 소녀가 되지 않기를 희망하며 기도를 했다.

그러나 때때로 여전히 수줍음을 벗어나지 못했다. 교실에서 발표할 때면 말을 더듬고 목이 메었다. 맞춤법을 말해야 할 때 제대로 대답을 못 했다. 그녀는 분명히 아는 단어도 틀리게 말했다.

책을 읽을 순서가 되었을 때도 같은 일이 일어났다. 어떤 단어들을 제대로 발음하지 못했다. 올바르게 읽는 법을 알고 있었지만, 틀린 발음이 입에서 나왔다.

이제 아무도 그녀를 비웃지 않았다. 소년 소녀들은 마

치 그런 일이 없었다는 듯이 행동했다. 그들은 클라라가 수줍어하는 것을 알고 있었고, 그것을 이겨내려고 싸우고 있다는 사실도 알았다. 그들은 절대로 클라라를 비웃는 법이 없었다.

이제 클라라의 부모는 그녀가 열심히 싸우고 있는 모습을 보고 만족했다. 언니와 오빠들도 마찬가지였다.

그러나 데이비드만큼 기쁜 사람이 없었다. "반드시 해낼 거야!" 그는 계속해서 말했다. "클라라는 분명히 해내고 말 거야."

11
천연두!

1. 집 안에 갇히다

   어느 날 아침 학교 가는 길에 수지가 클라라에게 비밀을 털어놓았다. 그녀는 몸이 너무 안 좋아서 아침 밥을 한 숟가락도 못 먹었다. 수지 어머니는 학교에 가지 말라고 했으나, 학교에 며칠 빠지면 시험을 제대로 볼 수 없을까 걱정되어 학교에 가는 것이다.

물론 선생님께는 비밀이다. 선생님은 아픈 학생은 항상 집으로 돌려보내기 때문이다. 클라라는 수지가 아프다는

사실을 아무에게도 얘기해서는 안 된다.

클라라는 아무 대답도 하지 않았다. 수지는 얼굴이 붉었고 눈에는 눈물이 고여 있었다. 누가 아픈지, 안 아픈지 클라라보다 더 잘 아는 사람이 없었다. 그녀는 지난 이 년 동안 열이 나서 아픈 환자를 돌보았기 때문이다. 그녀는 아픈 사람이 학교에 가면 병을 옮길 수 있다는 위험을 의사처럼 잘 알고 있었다.

클라라는 즉시 선생님에게 수지가 아프다고 보고했다. 수지는 집으로 돌아갔고, 클라라가 함께 갔다. 클라라는 수지를 데려다 주고 다시 학교로 돌아갈 생각이었다. 그러나 수지 어머니가 와드 선생님을 부르러 가야 했기 때문에 클라라에게 그때까지 수지와 함께 있어달라고 부탁했다.

의사 선생님은 들어오자마자 이렇게 소리쳤다. "천연두구나!"

화이트 씨 집은 출입이 금지되었다. 가족 중 한 사람도 그들의 농장을 떠나면 안 되었다. 클라라 바튼도 그 집에서 떠나면 안 되었다. 의사는 클라라가 그 병균과 접촉했기 때문에, 다른 사람에게 옮길 수 있다고 말했다.

데이비드가 클라라의 옷들을 가져왔다. 그러나 화이트 씨 집 대문 앞에 꾸러미를 내려놓고는 밖에서 클라라를 불렀다. 그녀는 포치에 서서 데이비드에게 대답했고, 데이비드가 떠날 때까지는 옷 꾸러미를 가지러 가까이 가지 않았다.

"엄마가 그러시는데, 기름진 고기는 절대로 먹지 말라

의사 선생님은 들어오자마자 이렇게 소리쳤다. "천연두구나!"

고 하셨어."

"나도 알아." 클라라가 대답했다.

"버터와 크림, 그리고 파이, 케이크, 잼도 먹으면 안 된다고 하셨어."

"그것도 알아. 와드 선생님도 그렇게 말씀하셨어."

"감기 들지 않게 조심해! 옷 꾸러미에 보면 큰 숄이 있을 거야"

"정말 고마워."

"천연두에 걸리지 않기 바래."

"나도 그렇기를 바래."

"그럼 안녕, 클라라!"

"안녕, 데이비드!"

데이비드가 떠나자 클라라는 옷 꾸러미를 집어 왔다. 그녀는 화이트 부인이 바쁠 때면 항상 수지 옆에 앉아 있었다. 그녀는 시간에 맞추어 아픈 친구에게 약을 주었다. 한 번도 그것을 잊은 적이 없었다.

갑자기 수지의 병이 악화되었다. 열이 더욱 심해져서 와드 선생님을 불러왔다. 클라라는 와드 씨가 수지를 보고 몹시 걱정하고 있다는 것을 눈치챘다.

수지의 남동생이 그녀에게 커다란 케이크 세 덩이를 주었다는 사실을 듣고 나자, 의사 선생님은 더욱 초조해졌다.

클라라는 기름지고 단 음식은 먹지 말라고 한 어머니의 경고를 잊지 않았다.

"어머니가 옳아." 그녀가 생각했다. "이번에도 옳았어. 항상 어머니 말씀을 들어야겠어."

화이트 부인은 클라라가 수지를 잘 돌봐주어 매우 고맙게 생각했다. 클라라는 아픈 사람을 편안하게 해주는 방법을 알고 있는 것 같았다. 그 점에서 남달랐다.

"저 아이는 타고난 간호사야." 화이트 부인이 말했다. "클라라가 없었더라면 어쩔 뻔했을까? 이렇게 도움이 많이 되고 있으니."

수지의 건강이 점점 좋아지자, 클라라는 날마다 함께 바깥으로 산책하러 나갔다. 그러나 농장 밖으로 나가지는 않았다. 그녀는 소가 다니는 길을 따라 숲 속과 개울가를 산책했다.

클라라는 예쁜 돌멩이나 꽃을 볼 때마다 그것을 가져다 수지에게 주었고, 수지는 그것을 퍽 좋아했다. 클라라는 개울가에서 아이들이 노는 모습을 보았지만, 뒤돌아서 집으로 왔다. 그녀는 한 번도 의사 선생님의 지시를 어기지 않았다.

수지가 거의 회복될 무렵, 클라라가 아프기 시작했다. 화이트 부인은 와드 선생님을 불러왔다. 그는 클라라를 보자마자 한마디로 말했다. "천연두구나!"

클라라는 집으로 돌아왔고, 바튼 씨 집은 출입이 금지되었다. 다행히 클라라는 심하게 앓지 않았다. 바튼 부인은 훌륭한 간호사여서 클라라는 금세 회복되었다.

이제 천연두가 마을 전체에 전염되었다. 집집마다 출입이 금지되었다. 병을 막기 위해 학교와 교회도 문을 닫았다. 와드 씨는 밤낮으로 분주했다.

2. 클라라의 환자

일단 천연두에서 회복한 사람은 두 번 다시 그 병에 걸리지 않았다. 클라라의 어린 사촌 동생 신시아가 병에 걸리자, 그녀의 어머니는 즉시 클라라를 찾아왔다.

"너는 다시 그 병에 걸리지 않는다는 걸 알아." 벨 숙모가 말했다. "신시아는 네가 왔으면 하고 있어. 네가 오면

낮게 할 수 있다고 생각을 하거든."

"저는 와드 선생님이 아니에요." 클라라가 말했다.

"신시아는 네가 의사보다 더 잘 안다고 생각해."

클라라가 웃었다. 그리고 진지하게 말했다. "제가 가서 신시아를 돌봐 줄게요."

"정말 고맙다." 벨 숙모가 말했다. "너희 둘은 잘 지낼 거야. 나이도 비슷하고 항상 서로 친하게 지냈으니까."

그러나 어린 간호사는 조금 더 어린 환자와 잘 지내지 못했다. 신시아의 병은 심하지 않았고, 클라라는 할 일이 없었다.

클라라에게 가장 힘들었던 일은 신시아의 두 오빠를 신시아 방에 들어오지 못하게 막는 것이다. 윌리엄은 열여덟 살, 헨리는 열여섯 살이었다. 그들은 자기들이 너무도 튼튼해서 병에 걸릴 수 없다고 생각을 했다.

그들의 부모가 천연두에 걸렸을 때도 그들은 끄떡 없었으니 이번에도 끄떡없을 것으로 확신했다. 그들은 와드 선생님이 고지식한 사람이라고 생각했다. 그가 만물박사도 아니고, 모르는 게 상당히 많다고 생각했다. 그러므로 그의 지시를 모두 따를 필요가 없다고 여겼다.

어느 날 아침 아무도 없을 때, 그 둘은 신시아의 방에 몰래 들어갔다. 클라라가 돌아올 때까지 그들은 그 방에서 30분 동안 있었다.

클라라는 그들의 아버지에게 이 사실을 얘기했고, 그들은 벌을 받았다. 그들은 클라라를 고자질쟁이라고 불렀다. 클라라에게 직접 그 말을 하지는 않았지만, 클라라가 다른 사람을 통해서 그 말을 듣게 되었다.

그 두 형제는 농장 밖으로 나가고 싶어 견딜 수가 없었다. 출입금지를 더 이상 지키기는 어렵다고 생각했다. 그들은 나가서 총 쏘기 게임과 야구 게임에 참여하게 해달라고 아버지에게 졸랐다. 나간다 해도 말에서 내리지도 않을 것이며 멀찌감치서 구경만 하겠다고 말했다.

그들의 아버지가 그 청을 거절하자 그들은 뾰로통해졌다.

"너희 사촌 클라라처럼 행동할 수 없겠니?" 아버지가 말했다. "클라라는 한 번도 불평하지 않았어."

"클라라는 와드 선생님의 지시를 모두 다 그대로 믿어요." 헨리가 말했다. "저는 그게 너무 지나치다고 생각해요."

"지나치든 안 지나치든 너희는 그에 순종해야 한다. 의사 선생님은 병이 전염되는 것을 막으려고 최선을 다하시는 거야. 우리가 모두 도와 드려야 해."

어느 날 저녁 석양이 어슴푸레할 무렵, 클라라는 자기 말을 보려고 마구간으로 갔다. 두 사촌 오빠가 스타를 잘 돌보아 주고 있었기 때문에 굳이 보러 갈 필요가 없었지만, 느닷없이 그녀는 스타를 보고 싶었다. 그래서 살며시 집에서 나갔다.

그녀가 마구간에 가보니 이상하게도 문이 열려 있었다. 삼촌은 마구간에서 볼일을 마치고 나면 항상 문을 닫아 놓았다.

그녀가 마구간으로 들어가자, 소년들이 얘기하는 소리가 들렸다. 그들은 말에 안장을 얹고 타고 나갈 준비를 하고 있었다.

클라라는 아무 생각도 하지 않았다. 그들이 말을 타고 나간다고 해도 다른 사람들과 만나지만 않으면 되기 때문이다.

그들은 클라라가 들어오는 소리를 못 들었고, 그녀는 그들에게 아무 말도 하지 않았다. 잘못하면 그들은 클라라가 자기들을 감시하고 있다고 생각할 것이다. 그녀는 컴컴한 그림자 속에 서서 잠시 소리 없이 기다렸다.

그때 갑자기 그들이 댄스파티에 간다고 말하는 소리를 듣고 클라라는 화들짝 놀랐다. 댄스파티가 열리는 뉴베리는 8킬로미터 떨어진 곳에 있었기 때문에 그들은 서둘러 달려가야 한다고 말하고 있었다.

클라라는 겁이 덜컥 났다. 그들은 출입금지 명령을 어기려는 것이다! 이것은 법에 어긋나는 일이었다. 이 소년들 때문에 댄스파티에 있는 사람들 모두 천연두에 걸릴 수도 있다. 그리고 많은 사람이 죽을 수도 있다.

그들은 병균을 가지고 있었기 때문에, 반드시 가지 못하게 막아야 한다.

3. 클라라의 계획

클라라의 삼촌은 이미 잠자리에 들었다. "가서 삼촌을 깨우면, 그동안 사촌 오빠들은 벌써 떠나고 없을 거야." 그녀가 생각했다. "삼촌이 옷을 입고 말 안장을 얹을 때면 그들은 이미 뉴베리에 가 있겠지."

자기가 직접 가야 한다. 클라라는 밤에 혼자서 말을 타고 가본 적이 없었다. 그러나 겁먹고 있을 때가 아니었다. 사람들을 구해야 한다. 그 생각에 클라라는 용기를 얻었다.

이제 클라라는 다시 용감한 소녀가 되었다. 그녀는 스타에 말안장을 얹고 어두운 밤을 달렸다.

클라라는 사촌들 뒤를 따라가지 않았다. 그렇게 해봐야 그들을 따라 잡을 수는 없는 일이었다. 경찰이 그들을 잡도록 해야 했다. 단지 먼저 뉴베리에 도착해야 한다. 그래서 숲 속을 가로질러 지름길로 달렸다.

스타는 사촌 오빠들의 말보다 더 빨리 달렸다. 스타는 원래 다른 말보다 빠른 말이었는데, 그날 밤 그 사실을 증명해 주었다. 클라라는 30분 만에 8킬로미터를 달려 왔다.

그리고 10분 후에 클라라 바튼은 경찰서에 와 있었다. 몇 마디만 말해도 충분했다. 경찰은 위험을 감지했다.

몇 분 후 경찰관 몇 명이 말을 달려 그 소년들을 찾았다. 그리고 그들을 묶어서 가두라고 명령했다.

클라라는 잠시 쉰 뒤에 경찰관의 보호를 받으며 삼촌의 집으로 갔다. 경찰관은 그녀가 혼자 가도록 허락하지 않았다.

"참 용감한 소녀로구나." 그가 말했다. "이렇게 용감한 소녀는 처음 봤어. 뉴베리 주민들이 너에게 대단히 고맙게 생각할 거야."

윌리엄과 헨리는 마을에 도착하기 전에 경찰에게 잡혀서 감옥에 들어갔다. 일주일 후에 그들이 집으로 돌아왔을 때, 그들은 다른 사람들이 되었다. 더 이상 와드 선생님이 구닥다리라고 생각하지 않았다. 그리고 아무 불평 없이 출입금지 명령에 순순히 복종했다.

나중에 그 사촌 오빠 두 명은 심하게 천연두를 앓았다. 그들은 클라라가 와서 간호를 해주기를 바랬으나, 그녀는 집을 떠날 수가 없었다. 클라라의 언니들이 천연두에 걸린 것이다. 그녀는 어머니를 도와 언니들을 간호했다.

천연두는 서서히 사라졌다. 그리고 전염의 위험이 없어지자 학교가 다시 문을 열었고 모든 것이 이전 상태로 돌아갔다.

사람들은 다시 서로 방문하고 이 마을에서 저 마을로 여행했다.

그러던 어느 토요일 뉴베리에서 클라라 바튼에게 선물

이 왔다. 그 주민들은 그녀에게 감사를 표현하고 싶었다. 경찰이 다정하게 감사의 말을 하며 그 선물을 건네주었다.

그것은 어린 간호사에게 딱 맞는, 멋진 가죽 말안장이었다.

12
새로 온 선생님

1. 말썽꾸러기들

바튼네 농장에서 몇 킬로미터 떨어진 곳에는 텍사스 빌리지라고 하는, 작은 정착촌이 있었다. 그곳 사람들은 착한 농부들이었다. 대부분이 그렇다는 말이고, 그중에는 고약한 사람들도 몇몇 섞여 있었다. 그들 대부분은 나이 든 소년들이었다.

그 정착촌에는 작은 학교가 있었는데, 일 년 중 반은 문을 닫았다. 선생님이 오기만 하면 버티지 못하고 떠났는

데, 왜냐하면 그 나이 든 소년들이 선생님에게 못되게 굴었기 때문이었다. 지난번에 쫓겨난 선생님은 어느 날 아침 학교에 와보니 그녀의 책상이 불에 타고 있었다. 그녀는 즉시 학교를 떠났다.

이제 새 선생님이 왔다. 오늘은 그녀가 가르치는 첫날이었다. 그러나 어쩌면 그날이 마지막 날이 될 수도 있었다. 그녀는 소년들의 얼굴을 보는 순간 그 사실을 깨달았다. 그들은 교실 강단 바로 앞에 있는 기다란 벤치에 앉아 있었다. 그들은 서로서로 쿡쿡 찌르며 싱긋싱긋 웃고 있었다. 선생님은 고작해야 소녀가 아닌가! 그녀는 심지어 어떤 학생들보다도 더 어린 나이였다.

게다가 그녀는 키가 작고 체격도 가늘었다. 물론 그녀는 힘도 약했다. 그녀의 외모를 보면 금방 알 수 있었다. 그러나 어쩐지 그녀를 얕볼 수가 없었는데, 왜 그런지는 그들도 알 수가 없었다.

새로 온 선생님은 학생들에게 이름을 말해주었다. 클라라. 클라라 바튼 양이었다.

그녀는 자신이 열다섯 살이라는 사실을 밝히지 않았다. 그녀는 조금 더 나이가 들어 보이려고 했다. 그녀는 그 학

그들은 서로서로 쿡쿡 찌르며 싱긋싱긋 웃고 있었다.

교에서 처음으로 가르치게 되었다는 사실도 드러내지 않았다. 학생들이 그녀를 우습게 볼지도 모르기 때문이었다.

그녀의 부모님은 그 학교에 가는 것을 반대했다. 그러나 클라라는 도전해보고 싶었다. 그녀는 친절하게 대하는 방법으로 말썽꾸러기들을 다스릴 수 있을 것으로 생각했다.

클라라는 그날 아침 데이비드에게 그녀의 계획을 말해 주었다. 두 사람은 말수레에 클라라의 책과 필요한 물건을 싣고 있었다. 그날은 데이비드가 학교에 바래다주고, 그 다음날부터는 그녀 혼자 말을 타고 가기로 했다.

"말썽꾸러기들은 친절하게 대해 봐야 소용없어." 데이비드가 주장했다. "오히려 널 비웃을 거야. 힘으로 다스리지 않으면 안 돼."

"나도 힘은 세." 클라라가 웃었다.

"사실 넌 힘이 세! 그러니까 한번 본때를 보여 줘. 그 말썽꾸러기들하고 씨름해서 내동댕이 쳐 버리라구. 넌 할 수 있어. 나를 이겼잖아. 내가 이래 봬도 이 지역에서 제일가는 씨름꾼인데 말이야. 그들이 수작을 부리기 전에 네가 먼저 얼마나 힘이 센지 보여줘."

"오빠가 그렇게 참을성을 가지고 나를 계속 훈련시켜 줘서 고마워. 이 년 전만 해도 우유 양동이도 못 들었는데. 지금은 애플 사이더 통도 들 수 있게 됐으니까."

그녀는 애플 사이더 통을 아무렇지도 않게 들어서 수레에 실었다.

"넌 매사추세츠에서 제일 힘 센 소녀야. 정말 자랑스럽다."

데이비드는 증기 목욕을 하고 몸이 좋아진 이후 줄곧 클라라의 몸을 단련시켜 주었다. 그는 클라라의 은혜에 보답하고 싶어 그녀를 힘 센 소녀로 만들어주기로 한 것이다.

그는 클라라에게 달리기, 높이 뛰기, 무거운 것 들기와 씨름을 가르쳐 주었다. 클라라는 열성적으로 배웠다. 그는 작고 연약한 소녀가 되고 싶지 않았다. 하루아침에 힘이 좋아지지는 않았지만 두 사람은 매일 조금씩 연습을 했다.

운동을 잘하는 오빠는 튼튼한 여동생을 자랑스럽게 생각했다. 이제는 그녀도 운동을 잘하는, 뛰어난 선수가 된 것이다.

그러나 오늘 그녀는 학생들 앞에 서서 가족들의 충고를

따르지 않은 것을 후회하고 있었다. 그녀는 자기 앞에 앉아 있는 소년들의 얼굴만 봐도 주눅이 들었다. 그들은 하루가 채 가기도 전에 말썽을 부렸다. 그녀는 자기가 실수했다는 사실을 깨달았다.

그녀가 그들에게 이름을 묻자, 그들은 그녀가 알아들을 수도 없는 이상한 소리로 웅얼거렸다. 그러자 나머지 학생들이 폭소를 터트렸다.

그들은 발을 바닥에 질질 끌며 소리를 냈다. 큰소리로 기침을 했다. 그녀가 어린 학생들을 가르치고 있을 때 그들은 시끄럽게 떠들었다.

그녀가 그 학생들에게 공부한 것을 외우게 시키자, 그들은 마치 아무 말도 못 들었다는 듯이 창밖을 내다보았다.

쉬는 시간이 되어 학생들이 밖으로 나가자 그녀는 한숨을 돌렸다. 그녀는 지쳤고, 두 손이 떨렸다. 당장에라도 학교를 그만두고 싶은 마음이었다. 정오도 채 못 넘기고 떠나야 할 것 같았다.

클라라는 너무 상심이 되어 학교 마당에서 나는 소리를 듣지 못했다. 그러다가 갑자기 그녀는 그 소리가 예사롭지 않다는 것을 깨달았다.

창밖으로 내다보니 나이 든 소년들이 어린 소년들을 내동댕이치고는, 자갈, 거친 모래, 돌멩이, 진흙으로 된 땅에 그들을 눕힌 채 발로 밟고 이리저리 굴리고 있었다.

그녀는 너무 화가 나서, 자기가 얼마나 곤경에 빠져 있었는지를 다 잊어버렸다. 그리고 즉시 밖으로 나갔다.

2. 작지만 꾀많은 선생님

클라라 바튼은 힘센 자가 약한 자를 괴롭히는 것을 보면 견딜 수가 없었다. 어린 아이나 동물이 학대당하는 모습을 보면 무섭게 화가 치밀어 올랐다.

그녀는 지금 화가 치밀어 올랐다. 그러나 그 말썽꾸러기들을 어떻게 다스려야 할지 알 수가 없었다. 야단을 쳐 봐야 소용이 없을 것이다. 웃음만 터트리고 말 테니까. 매로 때리겠다고 위협을 할 수도 없었다. 매를 들고 싶지 않았기 때문이다.

그러다가 한 가지 아이디어가 떠올랐다. 성공할지는 알 수 없었다.

다행히도 데이비드가 그날 아침 그녀에게 사냥개를 부르는 호루라기를 주었는데 그 호루라기의 찢어지는 소리가 얼마나 큰지 1킬로미터 거리까지는 충분히 들렸다. 클라라는 소리를 지르고 있는 말썽꾸러기들에게 다가갔다.

그녀가 주머니에서 호루라기를 꺼내어 그들을 향해서 불자, 그들은 하던 행동을 멈추었다. 그들에게는 새로운 광경이었다. 그들은 놀랐다. 그리고 선생님이 이제 무슨 행동을 할지 어리둥절해졌다. 그녀는 또다시 그들을 놀라게 했다.

"너희들에게 특별히 맛있는 걸 대접해 주겠다." 그녀가 명랑하게 말했다. "정오가 되면 주려고 했는데, 날이 이렇게 더우니 지금 주는 게 좋을 것 같아."

그녀는 제일 덩치가 큰 소년 두 명에게 창고에 가서 애플 사이더 통을 가져오라고 시켰다.

그들은 달려갔다. 그들은 맛있는 것을 먹고 싶었다. 그리고 클라라는 나이 든 소녀 두 명에게 창고에 가서 양철 컵들이 들어있는 바구니를 가져오라고 시켰다. 그들도 맛있는 것을 먹고 싶었기 때문에 뛰어갔다.

이제 두 소년이 통을 들고 선생님이 있는 곳으로 가져와서 땅바닥에 놓았다. 그들은 힘을 다해서 함께 통을 들고 오느라 헉헉거렸다.

"저 우물 옆에서 통을 열어야겠다." 클라라가 말했다. "저쪽이 그늘져 있으니까."

그러더니 그녀는 통을 번쩍 들어 어깨에 지고는 가뿐한 걸음으로 우물로 갔다. 그들은 놀라서 어안이 벙벙할 따름이었다.

데이비드의 말이 맞았다. 말썽꾸러기들은 힘으로 다스려야 하고, 힘 앞에서는 꼼짝 못 했다. 애플사이더 통은 새로 온 선생님에 대한 그들의 생각을 완전히 뒤집어 놓았다. 이제 그들은 한 사람도 빠짐없이 그녀를 존경하고 우러러보았다. 그 말썽꾼들은 심지어 얌전하게 줄을 서서 애플 사이더 마실 차례를 기다렸다.

마침내 사이더를 다 마셨으나, 젊은 선생님에게는 아직도 꾀가 하나 더남았다. 그녀는 소년 소녀들을 다시 교실로 들어가게 했다. 그리고 나이 든 두 소년에게 도와줘서 고맙다고 말했다.

"너희들 참 착하구나. 우리 악수 하자." 그녀가 말했다.

저런, 가엾은 말썽꾼들! 그들은 선생님이 그다음에 무슨 행동을 할지 예측할 수가 없었다. 곧 그들은 또 한 번 놀랐다.

그러더니 그녀는 통을 번쩍 들어 어깨에 지고는
가뿐한 걸음으로 우물로 갔다.

그녀는 무쇠처럼 단단하게 그들의 손을 잡았다. 어찌나 세게 잡았던지 그녀가 손을 놓자 그들은 안도의 숨을 쉬었다.

그날은 클라라가 더 이상의 꾀를 사용하지 않았다. 더 이상 아무도 건방진 행동을 하지 않았기 때문이었다.

그녀는 학생들을 단단히 감시해야지, 그렇지 않으면 계속해서 그렇게 얌전하게 행동하지 않는다는 사실을 알았다. 자칫 내버려두면 언제 다시 기침하고 발을 구르고 웅성웅성 거릴지 알 수 없었다. 그 소년들이 얌전하게 행동하는 것은 그녀의 손에 달려 있었다.

　다음 날 그녀는 나이든 소년들에게 새로운 게임을 가르쳐주었다. 그 게임은 뛰어난 기술이 필요한, 매우 어려운 게임이었다. 빨리 달리면서 공을 던지고 받아야 했다. 선생님이 그 게임의 시범을 보여주었는데, 소년들은 그녀가 얼마나 빠른 속도로, 그리고 뛰어난 기술로 그것을 해내는지를 보고 입을 딱 벌렸다.

　일주일이 끝날 무렵 그녀는 학생들이 학교 마당에서 게임을 할 때에 질서정연하게 놀도록 지시를 했다. 소녀들은 한쪽 구석에서 게임을 하고, 어린 소년들은 또 다른 구석에서 게임을 하고, 나이든 소년들은 중앙에서 게임을 하도록 했다. 각각의 집단은 그들에게 허락된 장소에서만 놀아야 했다.

　클라라가 기뻐할 만한 일이 또 있었다. 처음에 말썽꾸러기들은 지저분한 모습으로 학교에 왔다.

　그러다가 어느 날 피트가 깔끔하게 단장을 하고 학교에 왔다. 옷도 깨끗하게 빨아 입었다. 마치 방금 목욕하고 온 것 같았다. 심지어 머리도 감은 것 같았다. 그 다음 날에는 빌이 그에 못지않게 깔끔한 모습으로 나타났다. 나머지 소년들도 하나씩 따라서 깨끗하게 하고 왔다. 얼마 가지 않아 교실 안에는 지저분한 학생이 한 명도 없게 되었다.

두 달이 지났을 때는, 말 안 듣는 학생이나 말썽꾸러기가 한 명도 없게 되었다. 소년들은 오직 배움에 열성을 내었다.

클라라 바튼은 첫 학교에서 대성공을 거두었다. 바튼 가족은 모두 그녀를 자랑스럽게 여겼다.

13
도망친 노예 도와주기

1. 창문에서 얼굴이

　　겨울이 왔다. 클라라의 학교는 여전히 성공적이었다. 학생들은 모두 그녀를 사랑했고, 그녀를 기쁘게 해주려고 노력했다.
　밤새 폭풍이 심하게 몰아치던 다음 날, 데이비드는 작은 썰매 수레에 클라라를 태워서 학교에 데려다 주었다. 곰가죽으로 클라라의 몸을 감싸주고 발에는 따뜻하게 데운 벽돌을 놓아주었다. 날씨가 몹시 추웠기 때문에 그녀는 모직 숄을 두 개나 둘러썼다. 그녀는 학교 마구간에서

말을 묶을 때도 너무 추워서 숄 두 개를 둘러야 했다. 그녀는 창고에 가서 장작을 가져왔다. 그 창고는 학교 건물 한쪽 벽에 붙여서 지은 자그마한 헛간이었다. 곧 그녀는 벽난로에 불을 활활 지폈다. 학생들이 오기 전에 뜨거운 재로 벽돌을 데워놓을 생각이었다. 학생들은 추운 교실에서 따뜻한 벽돌을 발아래 놓고 몸을 덥히곤 했다. 벽난로의 온기가 교실 안에 퍼지자 창문틀에 붙었던 서리가 녹아내렸다.

클라라는 유리창에서 습기를 닦으려고 교실 반대쪽으로 걸어가고 있었다. 바로 그때 창문에서 한 얼굴이 나타났다. 흑인이었다.

그녀는 순간 무서웠다. 매사추세츠의 그 지역에서 흑인이라면, 도망친 노예였다. 그들은 낮에는 숨고 밤에만 밖으로 나왔다.

마음씨 착한 백인들이 그들을 숨겨주고, 음식을 주고, 다음 숨을 곳으로 데려다 주곤 했기 때문에 다른 사람들은 노예들이 어디에 숨어 있는지 알 수가 없었다. 만일 노예 주인에게 발각되면 그들은 다시 붙잡혀서 농장으로 돌아가야 했다.

클라라는 창문에 나타난 얼굴을 보며 이런 생각을 하고 있었다. 그 얼굴은 두려움에 싸인 표정이었다. 검은 눈동자는 도와달라고 호소하고 있었다.

그녀는 그 사람이 분명히 도망친 노예라고 확신했다. 그렇다면 무서워할 필요가 없었다. 그를 도와주어야 한다. 그녀는 창문을 열어주려고 했으나, 얼어붙어서 열리지 않았다. 그녀는 유리창에 대고 말했다. "문으로 가세요. 제가 문을 열고 도와드릴게요."

2. 노예 감추기

흑인이 들어왔다. 그 불쌍한 사람은 추위에 벌벌 떨면서도 가만히 서 있기만 하다가, 클라라가 벽난로 옆에 의자를 놓고 거기에 앉으라고 손짓을 하고 나서야 그리로 왔다. 그리고 불꽃에 손을 녹였다.

그녀는 앞치마를 벗어 작은 창문을 가렸다. 혹시 마을 사람이 지나가다가 보고 노예 주인에게 알릴 수도 있었기 때문이다.

그 흑인은 몸을 녹이자마자 여선생님에게 자신의 사정을 털어놓았다.

그 흑인은 몸을 녹이자마자 여선생님에게
자신의 사정을 털어놓았다.

그는 주인에게서 도망쳐 나왔다. 그가 이곳까지 오는 동안 친절한 백인들의 도움이 있었다. 전날 밤 그는 학교 근처에 있는 방앗간까지 올 수 있었다. 그리고 백인 농부가 올 때까지 거기서 기다리라고 지시를 받았다.

그는 밤새 기다렸으나, 아무도 나타나지 않았다. 아침에 되자 그는 거의 얼어 죽을 것 같았다. 당장 불에 몸을 녹이지 않으면 죽을 것이다.

"여기로 오는 길에 아무도 만나지 않았나요?"

"네. 아무도 저를 보지 못했어요. 목도리로 얼굴을 가리고 모자로 머리카락을 가리고 왔어요."

　클라라는 자기 도시락을 그에게 주었다. 자기는 이웃집에 가서 점심을 먹을 것이라고 말했다. 그리고 창고에서 온종일 숨어 있어도 된다고 말했다. 그곳은 그리 춥지 않았다.

　"어젯밤에 나타나지 않은 그 백인 농부가 누군지 알아보겠어요."

　"어쩌면 무서워서 안 왔는지도 모르지요."

　"사고가 났을 가능성이 더 많아요. 어젯밤에는 길이 꽁꽁 얼어붙어 상당히 미끄러웠거든요."

　그 불쌍한 노예가 다시 걱정스러운 얼굴을 하자, 클라라는 재빨리 그를 안심시켜 주었다.

　"만일 그 농부를 찾지 못하면, 우리 아버지가 당신을 돌봐주실 거예요. 우리는 그전에도 노예들을 숨겨 주었어요."

　"하나님의 축복을 빕니다! 우리 같은 노예들을 도와주신다니 당신 아버지께도 하나님의 축복이 임하시기를."

　"오늘 학생들이 창고 근처에 오지 못하게 하는 일이 제일 힘든 일이겠어요." 클라라가 말했다. "벽난로에 불을 때려면 나이 든 소년들이 하루에도 몇 번씩 그 창고에서 장작을 날라 오거든요."

그 흑인이 벌떡 일어섰다. "지금 당장 장작을 날라다 놓겠어요."

그는 곧 정오 때까지 쓸 만큼의 장작을 가져다 놓았다.

그리고 클라라는 그에게 뜨거운 벽돌을 가지고 창고로 가도록 했다. 또 곰 가죽과 숄 한 개를 주며 창고에서 아무 소리도 내지 말라고 주의를 시키고는 창고 문을 닫았다. 이제 학생 몇 명이 학교에 왔다.

그들은 반쯤 얼어붙은 몸을 하고서도, 창문에 앞치마가 걸려 있는 것을 깨달았다. 클라라가 그것을 깜빡 잊었던 것이다.

"차가운 바깥 공기를 막아주거든." 그녀가 얼른 둘러댔다.

소년들은 그녀가 왜 그렇게 많은 장작을 날라다 놓았는지 이해할 수가 없었다.

"너희들이 장작을 나르느라 너무 추울까 봐, 게다가 아침에 시간이 너무 많이 남아서 그랬어." 그녀가 소년들에게 말했다.

3. 노예가 들키면 어쩌나

클라라는 불안한 마음으로 수업을 시작했다. 교실 안은 몹시 조용했기 때문에 창고에서 조금만 소리가 나도 다 들릴 것이다. 그 노예가 잠이 들어 코를 골면 어쩌지? 재채기나 기침을 하면 어쩌지?

이제 학생들은 몸이 따뜻해졌다. 아직 몇 명이 도착하지 않았으나, 클라라는 수업을 시작했다. 그녀는 읽기 수업을 하는 학생들에게 앞으로 나오라고 했다.

바로 그때 지각생들이 도착했다. 그녀는 앞으로 나온 학생들을 제자리에 돌려보내고, 늦게 온 학생들을 돌봐주어야 했다. 젖은 신발과 옷을 불에 말려야 했다. 그들이 불에 너무 가까이 앉았기 때문에 멀리 앉도록 감시를 해야 했다.

교실 안이 시끌벅적해지자 클라라는 안심이 되었다. 그러면 창고에서 나는 소리가 들리지 않을 것이다. 그러나 문제는 아직 끝나지 않았다. 어쩐 일인지 아이들이 모두 창고에 가려 했다. 소년들은 썰매를 그 창고에 갖다 놓겠다고 하고, 소녀들은 창고에 가서 젖은 머리를 빗겠다고 했다. 클라라는 창고가 너무 춥다고 말했다.

그녀는 그들이 덮고 온 털가죽을 걸어놓은 교실 뒤쪽에서 하라고 했다. 그들은 순종했다. 그러나 클라라는 혹시 누구든 허락 없이 슬며시 창고로 가지 않을까 걱정이 되었다.

장작은 빠른 속도로 소모되었다. 몇몇 소년들이 즉시 장작을 더 가져오겠다고 했다. 클라라는 쉬는 시간까지 기다리라고 말했다.

열 시가 되자 피트 베일리가 도착했다. 그는 눈을 뒤집어쓰고 꽁꽁 얼어 있었다. 그는 아침 내내 소젖을 짜고, 먹이를 주고, 온갖 일을 하느라고 바빴다고 말했다. 그의 아버지가 전날 밤에 넘어져서 발목을 삐었기 때문이었다.

"어젯밤 어두워진 직후에 아빠가 말을 수레에 묶었어요." 피트가 설명했다. "그는 어딘가에 가서 어떤 사람을 만나야 했거든요."

'아!' 클라라가 생각했다. '그 노예에게 오기로 한 사람이 베일리 씨였구나. 그는 농부지.'

피트가 즉시 화제를 바꾸었다. 그의 개, 샘이 그를 따라 학교에 왔다고 말했다. 밖이 추우니까 개를 안으로 데려

169

와도 될까요? 샘은 조용히 할 것이라고, 그저 벽난로 옆에 앉아 아침 내내 잠을 잘 것이라고 했다.

바튼 양이 허락을 해주었고, 피트는 샘을 데리고 들어왔다. 그러나 그 개는 벽난로 옆에 앉아 있으려고 하지 않았다. 그것은 방 안을 마구 돌아다니며 무슨 냄새라도 맡은 듯이 코를 킁킁거렸다. 그러다가 그것은 창고 앞에서 멈추었다. 그것은 냄새를 맡으며 날카롭게 짖어댔다. 피트와 클라라가 그 개를 쫓아내려고 노력했으나, 그것은 말을 듣지 않았다.

"그 창고 안에는 동물이 있어요." 피트가 말했다. "다람쥐나 청설모, 아니면 다른 동물이 들어갔을 거예요. 샘을 창고에 집어넣으면 그 동물을 잡을 거예요."

"안 돼! 안 된다! 죽이면 안 돼. 도움이 필요한 동물일 거야. 폭풍을 피해서 말이야. 그 안에 있어도 상관없어."

아이들은 충분히 이해가 되었다. 그러나 샘은 계속해서 짖었다. 그는 창고 문에 몸을 부딪치며 열렬히 짖어댔다.

클라라는 창고 안에 있던 사람이 그 소리를 듣고 있다는 사실을 알았다. 어떻게든 손을 써야 한다. 영리한 바튼 양에게는 묘안이 떠올랐다.

4. 남을 돕기 위해서라면

"얘들아." 선생님이 말했다. "너희가 오후에 집에 돌아가기 어려울 것 같아 걱정되는구나. 오늘은 온종일 눈이 올지도 몰라, 아주 많이 올 수도 있거든. 게다가 밖이 너무 추워 아무리 불을 때도 교실을 따뜻하게 할 수가 없구나. 오늘은 그만 집에 돌아가거라. 오후에는 수업이 없다."

그녀는 피트에게 잠시 남아서 도와달라고 부탁했다. 피트의 도움이 필요했던 것은 아니었으나, 그의 아버지에 대해서 확인하고 싶었다. 그 흑인 노예를 누군가는 데려가서 보살펴 주어야 했다.

다른 학생들이 다 돌아간 뒤에 두 사람은 불에 재를 부어 껐다. 타다 남은 장작은 옆으로 치우고, 벽난로 주변에 놓여있던 의자들을 제자리에 가져갔다. 클라라는 자신의 책상이 잘 정돈되었는지 확인했다.

피트는 썰매를 가지러 가려 했다. 클라라는 더 기다릴 수 없었다. 얘기해야 했다. "피트, 백인들이 도망친 노예를 도와준다는 말 들어봤니?"

그 소년의 얼굴이 붉어졌다. 그는 아무 대답도 하지

않고, 고개를 돌렸다. 클라라는 그의 표정을 볼 수가 없었다.

"피트, 겁낼 필요 없어. 내가 지금 창고 안에 노예를 숨겨 두었거든."

"아니, 바튼 양! 저는 그런 줄도 모르고, 무슨 동물이 들어갔나 했어요. 그래서 샘을 들여보내지 않으셨군요."

"그 노예는 너무 추워서 여기로 왔어. 그는 방앗간에서 밤새 기다렸다고 해. 자기를 데리러 올 농부의 이름을 모른다고 하더구나."

"저희 아빠예요. 제가 오늘 아침에 방앗간에 갔었어요. 그런데 그 노예가 거기에 없었어요."

"개를 데리고 갔니?"

"네. 개가 그 사람의 냄새를 맡았어요. 그래서 아까 그렇게 짖은 거예요. 샘이 저에게 알려주려고 했던 거예요. 샘은 우리와 함께 노예를 도와줘요. 때때로 노예를 다른 사람 눈에 띄지 않게 감시해주고요. 한 번도 노예를 해친 적이 없어요."

"그렇다고 해도 내가 창고 문을 여는 동안 개를 꼭 잡고 있어라. 달려들지도 모르니까."

피트가 클라라의 썰매 수레를 가져왔다.

피트의 말이 옳았다. 흑인 노예가 나올 때 샘은 가만히 있었다. 개는 그를 따라 벽난로 쪽으로 갔다. 그리고 그의 옆에 앉아 그의 손을 핥았다.

그 흑인은 기분이 좋았다. "샘이 불쌍한 노예를 도와주었구나." 그가 말하며 개의 머리를 쓰다듬었다.

피트가 클라라의 썰매 수레를 가져왔다. 그 흑인은 목도리로 얼굴을 가리고 머리카락을 모자로 덮었다. 바튼 양은 그에게 자기의 숄을 가지라고 했다.

길에서 누가 보면 선생님이 학생들 중에 나이 많은 소년을 집으로 데려다 준다고 생각할 것이다. 텍사스빌리지에 사는 사람이라면 바튼 양이 학생들을 돕기 위해서 어떤 불편이라도 다 감수한다는 사실을 알고 있었다. 그런 이유에서도 사람들은 그녀를 좋아했다. 심지어 그 큰 소년의 등에 자기 숄을 덮어줄 수 있는, 클라라는 그렇게 친절한 사람이었다.

14
미국에서 유명한 여자

1. 전방에서 일한 간호사

　1867년 어느 날 밤이었다. 워싱턴 시에 있는 한 건물에는 사람들로 붐볐다. 미국에서 가장 위대한 종군 간호사가 연설을 하기로 했다. 클라라 바튼 양이었다.

그녀는 1861년부터 1865년까지 지속되었던 미국 남북 전쟁에서 병들고 부상당한 군인들을 돌보며 전방에서 일을 했다! 그녀는 항상 위험에 처해 있었다. 때때로 그녀는 적군의 총알이 날아오는 곳에서도 일했다.

그녀는 미국 남북전쟁에서 병들고 부상당한 군인들을
돌보며 전방에서 일을 했다!

바튼 양은 이제 미국에서 가장 유명한 여자가 되었다. 미국 역사상 부상당한 군인들을 위해서 그녀처럼 헌신적으로 일한 사람이 없었다.

그녀는 오로지 병사들의 소중한 생명을 구하기 위해서 일했다.

그녀는 군대에서 부상당한 군인들이 어떻게 취급받는지를 보고 개선해야겠다고 생각했다. 병원은 시설이 좋았으나, 전투장에서 너무 멀었다. 많은 군인들이 간호를 받지 못하고 병원으로 호송되는 도중에 죽었다. 바튼 양은 군인들을 가까이에서 간호해야 한다고 말했다.

그녀의 제안이 받아들여졌다. 그래서 지원 본부가 전투

지 가까운 곳에 설치되었다. 그곳에서 수천 명의 군인들이 목숨을 구했다.

그 군인들의 가족들은 바튼 양에게 감사했다. 국민 모두가 그녀에게 고마워했다. 사람들은 그녀의 이름만 들어도 좋아했다.

오늘 저녁에는 젊은 간호사들이 무대의 왼쪽 구석에 앉아 있었다.

"클라라 바튼은 전쟁터에 나가서 일한 최초의 여자 간호사야. 미국에서 최초라니까!" 한 사람이 말했다.

"하지만 허락을 받느라 무척 고생했지." 다른 사람이 말했다. "군 지휘관마다 거절을 했으니까. 그들은 여자가 전쟁터에 가서는 안 된다고 말했어."

"그렇지만 클라라는 포기하지 않았지." 세 번째 사람이 미소를 지으며 말했다. "그녀는 다른 지휘관들, 군의관, 군목, 병참 장교, 대령, 소령 들을 계속해서 찾아갔지."

"그녀는 자기가 아는 모든 사람들, 모든 친구들에게 도움을 요청했어. 그리고 마침내 허락을 받아냈어. 그래서 1862년 포토맥 전투에 처음으로 파견되었어."

"와!" 하얀색 모자를 쓴 간호사들이 말했다.

"어떻게 그렇게 할 수 있었을까?" 새로 온 간호사가 말했다. "수줍어하는 성격처럼 보이는데."

매사추세츠에서 온 간호사가 대답했다. "부끄럼을 타는 사람이야. 그녀의 가족들이 그러는데 오늘 연설 때문에 몹시 겁에 질려있다고 해."

"그런데 왜 연설을 하는 거지?"

"병들고 부상당한 군인들을 위한 지원을 더 많이 받기 위해서야. 그녀는 평생 그 일을 위해서 헌신했거든. 그녀는 동부의 큰 도시들을 돌아다니며 연설을 했어. 사람들이 모인 곳마다 찾아다녔지."

새로 온 간호사가 고개를 흔들었다. "그렇게 수줍어하는 사람이 어떻게 연설을 잘 할 수 있겠어?"

"가족들 말로는 그녀는 군인들을 위해서 연설을 시작하는 순간 부끄러움을 모두 잊어버린대. 전혀 다른 사람이 된다고 해. 조금 있으면 내 말이 무슨 말인지 알게 될 거야. 그리고 그녀를 좋아하게 될 거야."

"난 벌써 그녀가 좋아." 새로 온 간호사가 말했다. "참 좋은 사람 같아."

하얀 모자를 쓴 간호사들이 모두 고개를 끄덕거렸다. 그들도 모두 클라라가 좋은 사람이라고 생각했다.

그들 옆에는 젊은 군인들이 앉아 있었다. 모두 지팡이나 목발을 가지고 있었다.

"바튼 간호사를 다시 볼 수 있게 되어 다행이야." 한 사람이 말했다. "시다 마운튼 전투지에서 내 생명을 구해주었거든."

"내 목숨도 살려줬어." 또 다른 사람이 말했다. "나는 부상 당한 채 한참 누워 있었는데, 위생병들이 나를 찾지 못했어. 그런데 그녀가 보급품 수레에 손전등을 싣고 왔어. 우리 부대의 위생병들에게는 촛불이나 손전등이 전혀 없었어. 보급품 수레가 오지를 않았거든."

"그런데 바튼 간호사는 어떻게 보급품을 전방까지 운반해올 수 있었을까?" 네 번째 사람이 말했다.

"부대는 보통 노새 네 마리가 끄는 수레 한 대를 사용하지만, 그녀는 보급품 수레 행렬이 10킬로미터가 넘을 정도로 대부대를 동원하고 왔거든."

"맞아, 루시엔. 어쨌든 그녀는 하늘에서 내려온 천사 같아. 우리가 굶어 죽어가고 있을 때 그녀가 음식을 가져왔어."

"의사들이 우리 상처에 옥수수 껍질로 감아주었던 것 기억해?" 윌이 물었다. "그런데 바튼 양이 희고 부드러운 붕대를 가져왔잖아."

다른 군인들도 고개를 끄덕이며 미소를 지었다.

"그녀는 수완이 대단해. 단 몇 분 안에 모든 작업이 시작된다니까."

"순식간에 불을 피우고, 냄비를 걸고 물을 끓이고, 음식 꾸러미를 풀어서 나누어준다니까." 다른 군인이 말했다.

"순식간에 불을 피우고, 냄비를 걸고 물을 끓이고,

"그리고 직접 죽을 쑤었지." 루시엔이 말했다. "하늘에서 내려온 천사가 아니고 뭐겠어."

"셀 수 없이 많은 방법으로 우리를 죽음에서 구해주었어." 제임스가 덧붙였다. "그런데도 자기 자신은 우리보다 더 편하게 지내려고 하지 않았어."

"그건 사실이야." 조가 말했다. "그녀의 텐트에 카펫을 깔아주겠다고 했는데, 거절했어. 군인들도 바닥에서 잔다고 하면서 말이야."

음식 꾸러미를 풀어서 나누어준다니까."

"그녀는 군인들보다 조금도 월급을 더 받지 않았어. 그녀가 직접 그렇게 말하더라고." 로버트가 말했다.

다른 군인들이 진지한 얼굴로 고개를 끄덕였다.

무대의 오른편 구석에는 그녀를 잘 알고 있는 군의관 네 명이 앉아 있었다. 그들은 모두 일선에서 바튼 간호사와 함께 일했었다.

"나는 그렇게 용감한 여자는 처음 봤어." 한 사람이 말했다. "그녀는 내가 촛불을 켜고 밤새 수술하는 동안 계속 옆에서 도와주었어."

"그녀는 내가 안티탬 전투에 갔을 때 나를 도와주었어." 다른 사람이 말했다. "우리가 전방에 얼마나 가까이 있었던지, 화약 때문에 우리 얼굴이 모두 새카맣게 되었지."

"그녀는 팔머스에서 위생병들과 함께 진흙탕을 헤치고 걸으며 부상당한 군인들을 찾아다녔어."

"클라라 바튼은 자기가 해야 할 일이라고 생각하면 절대로 뒤로 물러서지 않았지." 네 번째 사람이 말했다.

"맞아, 맞아!" 다른 사람들도 말했다.

그 옆에는 네 명의 군 장교들이 앉아 있었다. 바튼 양과 한 부대에 있었던 사람들이었다. 모두 다 그녀를 잘 알고 있었다.

"그녀는 아슬아슬하게 목숨을 구한 적이 몇 번이나 있었어요." 한 장군이 말했다. "적군의 사격을 받으며 일을 했지요. 한 번은 그녀가 적군이 폭격하고 있는 다리를 건넜는데, 치마에 총알이 계속 스쳤어요. 그런데도 조금도 겁내지 않았어요."

"아니, 그 다리 말입니까?" 소령이 감탄했다. "그 다리는 작은 보트를 연결해서 만든 다리였는데, 물살이 세서 계속 출렁거렸어요. 그녀가 강물 속에 빠지지 않은 게 놀라울 따름이군요."

대령이 미소를 지었다. "나중에 직접 들었는데, 자기가 어릴 때 그런 훈련을 받았다고 했어요. 흔들거리는 통나무를 타고 강 건너는 법을 배웠대요."

"어릴 때 말 타는 법을 배운 것도 무척 도움이 되었죠." 소령이 말했다. "한 번은 우리가 목숨 걸고 적군을 피해 말을 달리며 도망을 쳐야 했어요. 그녀는 조금도 뒤처지지 않고 잘 따라오더라고요."

"그녀는 마치 이 전쟁을 위해서 평생을 준비한 것 같아요." 장군이 말했다. "열세 살 때부터 운동선수로 훈련을 받았다고 해요."

"그래서 그렇게 고된 전쟁터에서 잘 견뎠군요." 대령이 말했다. "연약한 여자였다면 하루도 못 견뎠을 텐데 말입니다."

이제 집회가 시작되자 모두 말을 그쳤다. 윌리엄 피셔 목사가 무대에 올라왔다.

그는 집회를 인도하는 사람이었다. 그의 뒤를 따라 한 숙녀가 나왔다. 그녀는 작고, 까만 눈에 까만 머리를 하고 있었다. 그녀의 얼굴은 쾌활하고 상냥해 보였다.

그녀가 등장하는 순간 우레와 같은 박수가 터졌다. 수많은 청중들이 일어났고, 수천 명이 한꺼번에 소리쳤다. "바튼 양! 바튼 양!"

그 작은 여자는 허리를 굽혀 인사를 하고 미소를 지으며 손을 흔들었다. 청중들의 환호성은 계속되었다. 바튼 양은 계속해서 손을 흔들었다.

마침내 청중들이 조용해지자, 그녀가 연설을 시작했다. 그녀는 군부대에서 간호사로 일하는 것에 대해서 잠깐 말했다. 그리고 병원에 누워있는 군인들에게 얼마나 많은 도움이 필요한지에 대해서 오랫동안 얘기했다.

"한 번은 우리가 목숨 걸고 적군을 피해 말을
달리며 도망을 쳐야 했어."

그녀가 말을 마치자, 박수 소리가 끊이지 않았다. 마침내 청중들은 모두 일어나서 그녀가 무대에서 완전히 퇴장할 때까지 손뼉을 쳤다.

그들은 그녀를 얼마나 사랑하고 존경하는지를 아무리 표현해도 다 표현할 수가 없었다.

2. 미국 적십자사 회장

15년이 흘러 1882년이 되었다. 워싱턴 시의 같은 건물에 또다시 많은 사람들이 모였다. 클라라 바튼 양의 연설을 듣기 위해서였다.

그녀는 여전히 미국에서 가장 유명한 여자였다. 그리고 미국에서 그 누구도 시작하지 않은 새로운 일을 시작했다. 미국의 적십자사를 창설한 것이다. 집회장에 모인 사람들은 모두 그것에 관한 얘기를 나누었다. 그들은 모두 바튼 양이 이 나라가 국제 적십자사에 가입하도록 많은 노력을 기울인 사실을 알고 있었다. 유럽에서는 이미 20년 전에 적십자가사 창설되어 있었다. 그러나 미국의 정부 관리들은 이 나라에서는 적십자사가 그다지 필요 없다고 생각하고 있었다.

"이 나라에는 전쟁이 일어나는 일은 다시 없을 것입니다. 그런 일은 있을 수 없어요." 그들이 말했다.

그러나 바튼 양은 동의하지 않았다. 그녀는 남북전쟁을 생생하게 기억하고 있었다.

"또 다른 전쟁들이 있을 것입니다." 그녀가 말했다. "그리고 우리는 부상당한 군인들을 잘 돌봐주어야 합니다."

그녀는 백악관에 가서 헤이예 대통령에게 적십자사에 대해서 요청을 했다.

나중에 그녀는 가필드 대통령을 만났고, 그 이후에 아서 대통령을 찾아갔다.

그녀는 국회의원들을 찾아갔고, 전국을 돌아다니며 연설을 했다.

마침내 아서 대통령이 다른 16개 국가와 함께 적십자사에 가담하는 것을 허락했다.

그리고 바튼 양은 새로 창설된 미국 적십자사의 초대 회장이 되었다. 오늘 집회는 그것을 기념하는 집회였다.

이제 적십자사 간부들이 무대에 올라왔고, 청중들은 이 일을 성취해낸 여자에게 박수갈채를 보냈다.

모두들 신문에서 클라라 바튼의 사진을 보아 잘 알고 있었다. 이제 그녀의 머리는 희었으나, 검은 눈은 전보다 더 밝게 빛났다. 그녀는 여전히 키가 작고 말랐다.

청중들은 클라라 바튼의 모습을 보자 우레같은 박수를 보냈다. 모두 다 일어섰고, 수백 명이 환호성을 질렀다.

흰머리를 한 숙녀가 절을 하고 미소를 짓고 손을 흔들었다. 그녀는 연설을 시작하려고 했으나, 박수 소리가 끊이지 않고 계속되었다.

마침내 모두들 잠잠해지자, 그녀가 말을 시작했다. 모두 다 귀를 기울여 들었다.

미국의 적십자사를 창설한 것이다.

그녀는 국제 적십자사는 숭고한 단체라고 말했다. 그리고 미국이 가담하게 되어 기쁘다고 했다. 적십자사는 전쟁 때 뿐 하니라 평화 시에도 공헌할 수 있다고 말했다.

그리고 몇 가지 적십자사의 규율을 설명했다. 가장 중요한 규율은 전쟁시 부상당한 모든 군인을 돌봐주어야 한다는 것이다. 아군이든, 적군이든, 흑인이든, 백인이든, 황인이든, 홍인이든 관계가 없다.

그 다음으로 중요한 규율은 적십자사에 종사하는 대원

들, 의사, 간호사들은 절대로 적군이 납치하거나 감옥에 가둘 수 없다는 점이다.

"그리고 미국 적십자사는 거기에 한 가지 규율을 더했습니다." 바튼 양이 말했다. "화재, 홍수, 태풍, 회오리바람, 지진, 그 외 다른 자연재해가 왔을 때도 적십자사가 도울 것입니다.

이 나라에서나 외국에서 황열병, 발진티푸스, 천연두와 같은 질병이 돌 때에도 적십자사가 도울 것입니다.

인간이 고통받는 곳이면 어디든지 가서 도와줄 것입니다. 돈을 지불할 수 없는 노숙자나 병자에게 잠잘 곳, 의료품, 음식, 옷 등을 나누어줄 것입니다.

이 모든 봉사는 무료입니다. 고통받는 사람은 단 한푼도 돈을 낼 필요가 없습니다.

그 비용은 도움을 줄 수 있는 다른 사람들이 감당합니다. 더 많이 가진 사람들이 없는 사람들을 도울 것입니다.

평화 시에는 자원봉사자들을 훈련해서 전쟁이나 재해에 대비할 것입니다. 그리고 비상시를 대비하여 필요한 의료품을 미리 상비해둘 것입니다. 여러분, 도와주시겠습니까?"

"네! 네!" 여러 사람이 소리쳤다.

"사람들을 훈련해서 홍수, 화재, 토네이도, 다른 재앙이 닥칠 때 즉시 대비할 수 있게 준비할 것입니다. 재해를 당해 집을 잃고 배고픈 사람들에게 잠잘 곳과 음식을 제공할 것입니다. 전염병이 돌 때는 부상당하고 병든 사람들이 즉시로 도움받을 수 있도록 대비할 것입니다. 여러분, 도와주시겠습니까?"

"네! 네!" 많은 사람들이 소리쳤다.

"저와 이곳에 나와 계신 분들이 무보수로 봉사할 것입니다. 저희들의 목표는 단지 미국의 적십자사가 성공하는 것입니다. 여러분, 도와주시겠습니까?"

"네! 네!" 청중들이 소리쳤다. 그리고 그들은 일어서서 바튼 양이 무대에서 퇴장할 때까지 손뼉을 쳤다.

"전 세계에서 바튼 양과 같은 여자는 처음이야." 한 노인이 말했다.

"그렇고 말고요!" 사람들이 대답했다.

무슨 뜻일까요?

캡틴 군대에서 대위. 이 글에서는 그 당시 자원 부대를 모집해서 훈련시킨 지도자를 뜻하는데, 전쟁이 끝난 뒤에도 흔히 캡틴이라고 불렸다.

비스킷 작은 공 모양의 빵

스쿼 여자 인디언

삭발 머리카락이 하나도 없게 자르는 것

포로 전쟁 때 적군에게 잡힌 사람

위그웸 인디언 천막

호언장담 호기있게 확신을 가지고 하는 말

마멋 다람쥣과의 토끼만한 동물

정착촌 사람들이 살지 않는 곳에 처음으로 세운 마을

애플 사이더 사과즙으로 만든 음료

종군 간호사 전쟁에 나가서 부상병을 돌봐주는 간호사

군목 군대에서 일하는 목사

병참 장교 군대의 물자를 담당하는 장교

토네이도 주로 미국에서 발생하는 강력한 회오리바람. 때때로 마을 전체를 파괴시키기도 한다.

여러분, 기억하나요?

1. 왜 클라라 바튼은 크리스마스 아이라고 불렸나?

2. 클라라는 어릴 때에 어느 주에 살았나?

3. 샐리, 도로시, 스티븐 바튼은 어떤 직업을 가지고 있었나?

4. 캡틴 바튼은 클라라를 어떻게 공부를 시켰나?

5. 클라라는 어떤 방법으로 동물을 길들였나?

6. 아이들은 왜 아픈 애완용 동물을 클라라에게 가져왔나?

7. 바튼 가족은 왜 롱힐에서 계곡지역으로 이사했나?

8. 의사들은 왜 거머리를 사용했나?

9. 클라라는 왜 기숙사 학교에 들어갔나?

10. 왜 클라라를 거머리 간호사라고 불렀나?

11. 데이비드는 왜 클라라가 간호해주기를 원했나?

12. 클라라는 몇 살 때 처음으로 학교에서 가르치는 일을 했나?

13. 남북전쟁에서 클라라는 군인들을 위해서 무엇을 했나?

14. 클라라는 미국에서 어떤 기관을 창설했나?

함께 생각해볼까요?

1. 클라라는 기숙사 학교에서 어떤 경험을 했나? 당신은 학교에서 친구들과 어울리는 데 어려움이 있었나? 그것을 어떻게 극복했나?

2. 클라라는 평소에는 수줍고 내성적이지만, 자기가 좋아하는 일에는 용감하고 적극적이었다. 당신도 그런 점이 있나? 당신은 무엇을 할 때 가장 용기 있고 자신감이 생기는가?

3. 클라라는 병상에 누워 있는 데이비드 오빠를 위해서 학교도 그만두고 정성을 다해 간호했다. 그럴 만한 가치가 있었다고 생각하는가?

4. 1861년 미국 남북 전쟁 당시에는 부상당한 군인들이 제대로 간호를 받을 수 없었다. 클라라는 어떤 점을 어떻게 개선하였나?

5. 국제 적십자사는 어떤 기관인가?

6. 응급처치사는 어떤 훈련을 받는가? 응급처치는 어떤 중요성을 가지고 있나?

클라라 바튼이 살았던 시절

1821 12월 25일 미국 매사추세츠주 노스 옥스포드에서 태어났다.

1833 오빠 데이비드가 헛간 위에서 떨어져 부상당했다.

1839 학교에서 가르치기 시작했다.

1845 오빠가 운영하는 목재소의 인부들 자녀를 위한 학교를 설립했다.

1861 남북전쟁이 발발하자, 워싱턴 시에 가서 부상당한 군인을 간호하고, 군 의료품 보급처를 만들었다.

1862 최초로 포토맥 전투지에 가서 간호했다.

1863 해방된 노예 교육 및 여성과 흑인 권리 옹호를 위해 일했다.

1864 전투 부상군인 처우 개선을 위한 회의가 스위스 제네바에서 열렸고, 국제 적십자사가 창설되었다.

1871 프랑스와 프러시아 간의 보불 전쟁에서 구호 작업을 지휘했다.

1881 미국 적십자사가 창설되고 클라라가 회장에 당선되었다.

1889 펜실베니아주의 존스톤 마을 홍수 구호 작업을 지휘했다.

1898 스페인과 아메리카 사이에서 일어난 미서전쟁에서 고아원과 군용 병원 설립을 지원했다.

1905 미국 응급처치 협회를 설립했다.

1912 4월 12일 메릴랜드주 글렌 에코에서 세상을 떠났다.

유명한 위인은 처음부터 위인이었을까?
위인들의 어린시절 시리즈

각 권 10,000원 초등 2년 이상

에이브 링컨 정직한 아이
부커 T. 워싱턴 큰 꿈을 가진 아이
드와이트 아이젠하워
프랭크 울워스
조지 카버 풀과 꽃을 좋아한 아이
헨리 포드 기계를 좋아한 아이
허버트 후버 돌멩이를 모으는 아이
존 알덴 필그림이 된 아이
존 D. 록펠러 신중한 아이

존 마샬 판단력 있는 아이
노아 웹스터 사전을 만드는 아이
폴 리비어 한 밤중에 달려간 아이
로버트 풀턴 만들기 좋아한 아이
토마스 에디슨 귀염둥이 질문상자
토마스 잭슨 돌벽같이 단단한 아이
윌 클락 개척지에서 자라는 아이
윌리엄 펜 평화를 사랑한 아이
나다니엘 그린 스스로 생각하는 아이

자유이야기 당신은 아는가 자유를 위해 치른 그 고귀한 희생을!

실제있었던 소설 같은 이야기. 중세 몰락의 시발점에서 신세계 발견에 이르기까지, 목숨을 걸고 자유와 진리를 고수하려던 이름없는 사람들의 이야기. 이 책에서 우연히 일어나는 사건이라고는 찾아볼 수 없을 것이다.

뉴베리상 칼데컷 어너 수상자 제임스 도허티

마그나 카르타 존왕과 대헌장 이야기

존왕과 귀족들을 중심으로, 십자군 원정의 영웅 사자왕 리차드, 의적 로빈훗과 그 일당. 의역과 악역이 따로 없으며, 승패의 예측을 불허하는 중세유럽의 대서사시. 말로만 듣던 중세 유럽의 봉건제도란 바로 이런 것이었다.

메이플라워호를 타고 온 사람들

양심을 타협하기 거부했던 사람들은 자유를 찾아 방랑하는 도망자가 된다. 온갖 역경 끝에 신세계의 황무지에 정착하자, 질병과 굶주림의 절반의 목숨을 앗아간다. 미국 탄생 속에 숨겨진 가슴 뭉클한 실화.

아메리카 대장정 사상 최초의 북미대륙 횡단기

역사상 최초로 북미대륙을 횡단한 루이스와 클락의 탐험이야기. 한계를 모르고 도전하는 인간의 모험심, 두려움을 거부하는 불굴의 용기, 역경을 정복하는 인간의 의지력. 미국 서부개척정신의 진수를 보여준다.

푸어 리차드 - 벤자민 프랭클린 이야기

정직, 근면, 검약을 신조로 맨손에서 자수성가하는 아메리칸 드림의 원조. 가난한 인쇄공에서 국가 최고 지도자가 되고, 서민의 친구이자 혁명가가 된 양키 중의 양키

초등 5년 이상

잠언 생활 동화 시리즈

성경의 주옥같은 잠언. 어떻게 하면 아이들에게 쉽게 가르쳐줄 수 있을까? 아이들이 날마다 경험하는 친근한 사건들을 통해 잠언을 재미있고 쉽게 가르쳐주는 생활동화 각 권 10,000원 초등 2년 이상

참 잘했어요
날마다 지혜로와지는 밀러네 아이들

친척들이 모인 날 티미는 왜 코피가 터졌나? 죄를 우습게 보는 것이 왜 위험한가? 아버지는 한밤중에 습격하는 강도를 어떻게 막을 수 있을까?

이럴 땐 어떡하죠?
어떻게 하는 것이 옳은 행동인가?

어리석은 농담이 어떤 안 좋은 결과를 가져왔나? 쇼핑몰에 간 티미는 어쩌다가 길을 잃어버렸나? 그리고 무엇 때문에 어머니날 불꽃놀이를 놓쳤나?

좋은 친구
친구들과 함께 놀며 공부하는 밀러네 아이들

피터는 또래집단의 압박을 어떻게 극복하였나? 진짜로 좋은 이름은 어떤 이름인가? 5달러짜리 야구 글러브보다 더 중요한 것은?

선교지 이야기

선교지에서 실제 일어난 놀라운 이야기들. 선교사들은 어떻게 하나님의 부르심에 응답했는가? 어떻게 기적적으로 위험을 모면했는가? 그리고 어떻게 예수님을 위해서 죽음을 선택했는가? 예수님의 용사들은 반드시 승리합니다!

클라라 바튼: 약한 자를 돌보는 아이
초판 1쇄 발행일 2013년 12월 20일
초판 2쇄 발행일 2015년 12월 15일

지은이 어거스타 스티븐슨 • 그림 폴 로니 • 옮긴이 오소희
편집 이윤숙 • 디자인 안성현 알리사

발행인 리빙북 경기도 군포시 오금로 34 1504-380
이메일 livingbook.kr@daum.net
전화 070-7883-3393   팩스(도서주문) 031-943-1674
은행계좌 국민은행(예금주:리빙북) 639001-01-609599
출판등록 제399-2013-000031호
저작권 법에 의해 한국 내에서 보호를 받는 저작물로 무단 전제와 복제를 금합니다.

책값은 뒤표지에 있습니다
© 1946, Augusta Stevenson
© 2013, Living Books
ISBN 978-89-92917-37-7

Livingbook.kr